"돈과 시간, 고통을 줄여줄 치과의사 200% 활용법!"
– 〈치과 사용 설명서〉를 추천하는 글

Thank you for taking the time to translate some sections from your upcoming book, "How to Use Dentistry" and send them to me. I enjoyed reading these stories and excerpts. The book looks very interesting and should be worthwhile reading for many lay people and dental professionals. In my opinion, the book looks very well written and I would highly recommend it. I wish you much success in your future writing and your dental practice and profession.

곧 출판을 앞둔 책 '치과 사용 설명서'의 일부를 시간을 내어 번역하여 보내줘서 감사하게 생각한다. 특히 이 책에 있는 에피소드와 발췌문들을 정말 재밌게 읽었다. 책 내용이 정말 흥미롭고 다채로워서 일반인과 치과 관계자들 누구나 읽기에 좋을 것 같다. 나는 이 책의 내용에 깊이 공감하며 많은 사람에게 강력히 추천하고 싶다. 앞으로 있을 책 집필과 아울러 닥터 강의 치과 진료와 업적에도 무궁무진한 성공을 빈다.

– 마크 피텔 _뉴욕 콜롬비아대학교 치과대학 교수

Teeth but I definitely knew that I hated going to the dentist! It wasn't until I saw my children's beautiful and precious little teeth that I started to think about dental care, including my own. Thanks to Dr. Kang's book, "How to use dentist?", I feel very informed and prepared to care for my family's teeth. The is a must read for anyone who cares about their long term dental health!

나에게도 치과는 정말 가고 싶지 않은 곳이었다. 내 아이들의 아름답고 소중한 작은 치아들을 보게 돼서야 나는 치아 관리에 관심을 갖기 시작했고 더불어 내 자신의 치아관리에도 신경 쓰기 시작했다. 닥터 강의 책 '치과 사용 설명서' 덕분에. 우리 가족의 치아건강에 있어서 마음이 든든하고 잘 준비된 느낌이 든다. 장기간의 치아 건강을 위해서 모두가 읽어봐야 할 필독서이다.

– 스티븐 조 _로제타스톤 대표

저자가 말하는 이야기들은 치과 치료에 막연한 공포가 있는 사람들이 치과 주치의를 선택하는 것과 선택한 주치의가 이야기하는 치료방향을 이해하는 데 큰 도움이 될 것이다.

— **명신원** _구강외과 전문의, 백미치과 원장

치과 치료는 아프기도 하지만 큰 소음 때문에 더욱 공포감이 생겨서 방문하기 꺼려진다. 무섭고 어렵고 비싸게만 느껴지는 치과 치료에 관한 고민을 해결해줄 해법이 담긴 책이 등장했다. 건강한 치아는 오복 중의 하나라고 한다. 치아 치료를 받기 전에 꼭 이 책을 읽어보길 바란다.

— 김용조_조은치과 원장

우리 가족의 치아를 믿고 맡길 수 있는 단골치과가 있다면 얼마나 좋을까? 이 책은 치과를 찾는 환자에게 많은 도움을 줄 것이며 아울러 환자와 치과의사의 소통에도 많은 도움을 줄 것이다.

— **김준용**_우리치과 원장 치과의사

나도 치과의사지만 내 치아를 치료할 사람을 한 명을 뽑으라고 한다면 나는 주저 없이 강원장을 선택할 것이다. 그만큼 그는 치과의사에게 신뢰감을 주는 사람이다.

— **박홍주**_인천 퍼스트치과 대표원장 치과의사

치과 치료에는 의사와 환자의 커뮤니케이션이 매우 중요하다. 덴탈 I.Q가 높은 환자일수록 의사에게서 더 좋은 진료를 이끌어낼 수 있다. 이런 점에서 이 책은 환자의 치과상식을 높여줄 뿐 아니라 환자와 치과의사와의 소통에 연결고리가 되어줄 것이다.

— 윤대웅_중앙치과 원장 치과의사

건강 관리에는 잘도 큰 비용을 투자하는데 몸의 일부인 치아 관리에는 왜 그리 인색할까? 아마도 치아는 공기 같은 존재처럼 인식되어 나이를 먹으면 응당히 문제가 생기는 존재처럼 인식하기 때문이 아닐까? 치아에 문제가 생기면 한 며칠 고생을 했다가도 치료 받고 괜찮아지면 또 관리에 소홀해져버린다. 이 책은 왜 우린 늘 이런 패턴으로 살아가는가 하는 질문을 감히 던지고, 한잔하면서 동네 형이 '그건 말이지' 하는 말을 듣다가 어느덧 '앗! 이 형 굉장한 형인데?'라는 느낌을 주는 책이다. 이 책을 읽다 보면 전문적 지식은 물론이고 '이제 내 치아를 정성껏 사랑해줘야겠구나' 싶은 느낌이 한다. 이 책을 진작 읽었더라면, 이런 느낌을 진작 가졌더라면, 이런 말을 해주는 형이 있었더라면 하는 아쉬움이 든다. 내 양쪽 어금니가 모두 임플란트인 지금의 상태가 되기 전에 말이다.

— **천영철**_현대자동차 재경본부 과장

치과 사용 설명서

치과 사용 설명서

초판 1쇄 인쇄 2017년 7월 14일
초판 1쇄 발행 2017년 7월 20일

지은이 강혁권
펴낸이 백유미

Publishing Dept.
CP 조영석 | Chief editor 박혜연 | Editor 이하정
Marketing 이원모 방승환 조아란 | Design 문예진 엄재선

Education Dept.
김주영 이정미 이하영

Management Dept.
박은정 임미현 윤민정

펴낸곳 라온북
주소 서울시 서초구 효령로 34길 4, 프린스효령빌딩 5F

등록 2009년 12월 1일 제 385-2009-000044호
전화 070-7600-8230 | **팩스** 070-4754-2473
이메일 raonbook@raonbook.co.kr | **홈페이지** www.raonbook.co.kr

값 13,800원
ISBN 979-11-5532-291-8(13320)
      979-11-5532-145-4(세트)

라온북은 독자 여러분의 다양한 아이디어와 원고 투고를 설레는 마음으로 기다리고 있습니다.
머뭇거리지 말고 두드리세요. (raonbook@raonbook.co.kr)

전 문 가
사 용 법
시 리 즈
003

치과에 갈 때마다 속는 것 같은 당신을 위한

치과 사용 설명서

How to Use Dentist?

| 강혁권 지음 |

좋은 치과의사를
만나야 하는 이유

불과 몇 달 전의 일이다. 아내와 아이들을 태우고 운전을 하는데 차량 계기판에 엔진 경고등이 떴다. 처음 겪는 일이기도 했고 행여 운전 중에 차량이 멈추기라도 하면 큰 사고로 이어지지 않을까 하는 불안감에 곧바로 자동차 정비로 향했다. 하지만 정비소는 예약하지 않으면 바로 봐줄 수가 없다며 데스크에서 문전박대했다. 언제 예약이 가능하냐고 물었더니 예약이 꽉 차 있어 한 달은 있어야 한다고 한다. 점검차 온 것도 아니고 차량경고등이 떠서 온 건데 운행 가능 여부만이라도 알 수 없겠냐고 했더니 나 같은 사람이 많은지 "알겠습니다, 고객님. 담당직원을 연결해드리겠습니다. 다만 대기 시간은 1시간 이상 소요됩니다. 괜찮으시겠습니까?"란 말이 돌아왔다. 뭐 별수 있나, 기다려야지.

30분 정도 기다리니 안내를 해준다. 이번에는 좀 덩치가 있는 남자직원이 중저음의 목소리로 접수하는 데스크 직원과 같은 이야기를 해준다. 지금은 그 어떤 것도 봐줄 수 없다는 거다. 수리는 일단 그렇게 하더라도 이 차량을 계속 운행해도 되는지만이라도 알 수 없겠느냐고 하니 역시나 불가능하다고 한다. 대신 2주 뒤에 예약을 잡아준단다.

일단 예약을 하긴 했지만 불안한 마음에 다음 날 아침에 집 근처 카센터를 찾았다. 이미 다른 차량이 있었지만 인상 좋은 카센터 사장님께서 바로 봐주셨다. 증상을 듣고 경고등을 보더니 진단기를 물렸다. 잠시 뒤 진단기를 본 사장님이 하는 말이 "일단 엔진 쪽에 이상이 있는데 정확한 건 엔진 쪽을 열어봐야 알 수 있을 것 같습니다. 단순히 엔진밸브가 빠진 거면 몇만 원 정도면 되지만 엔진 자체가 문제면 몇백 만 원이 들 수 있습니다."였다.

사실 그 외에도 다른 전문용어를 들어 차량 상태에 대해 설명해주었는데 하나도 알아듣지 못했다. 머릿속이 멍해지면서 이런 생각이 들었다. '아, 나한테 치료받으러 온 환자들도 똑같은 마음이겠구나.' 한 대 얻어맞은 기분이었다.

자동차야 최악의 경우 버리면 그만이다. 하지만 건강은 어떤가? 버릴 수 없지 않은가. 그래서 문제다. 어느 날 가슴에 통증이 있어서 내과에 갔더니 수술을 해야 한다고 하고 수술비가 몇백 만 원이라고 한다면, 더구나 진행 중이기 때문에 빨리 결정해야 한다고 한다면 바로 하지 않겠다고 결정하기는 쉽지 않다. 이런 일을 최소화하기 위해서 우리나라는 국가적 차원에서 사업주에게 사무직근로자에 대해 2년에 1회, 비사무직근로자에 대해 1년에 1회 의무적으로 건강검진을 실시하게 하고 미이행 시 과태료를 부과하고 있다. 하지만 내과적 질환의 특성상 내시경 혹은 MRI나 혈액검사 등의 검사가 아무래도 편하지 않다 보니 사람들은 증상이 없으면 의무적인 검사 외에는 따로 받을 생각을 안 한다.

하지만 치과적 질환은 좀 다르다. 엑스레이와 사진만으로 충분히 1년 이내에 조심해야 할 치아가 무엇인지, 주의해야 할 습관이 무엇인지 알 수 있다. 검사비가 많이 드는 것도 아니고 검사가 힘들지도 않다. 그런데도 검사를 하지 않는 환자들이 많다. 그 이유는 치아에 대해 너무 모르기 때문이다. 그리고 두려움 때문이다. 두려움의 종류가 사람마다 다를 뿐, 통증이 될 수도 있고 비용이 될 수도 있으며 신뢰의 부재일 수도 있다. 그리고 그 두려움의 결과로 큰 비용과 시간을 쓰는 것을 너무 많이 봐왔다.

나는 치과의사다. 치과대학을 졸업하고 10년 넘게 환자를 보다 보니 심심치 않게 억울한 사연으로 치과에 오시는 분들을 보게 된다. 한 번은 50대 어르신이었는데 정말 치아를 다 뽑게 생겼다. 잇몸이 다 녹아 있었고 고름도 나오고 있었다. 사연을 들어보니 기가 막혔다. 10여 년 전에 스케일링을 받으러 치과에 갔는데 치과에서 "충치 하나 없이 치아가 깨끗하다. 이런 치아는 충치가 안 생기는 치아다."라고 했다는 거다. 그 뒤로 잇몸이 안 좋고 피가 나도 그냥 약국에서 약만 먹고 버텼다고 한다. 그렇게 버티다 상황이 너무 안 좋아지자 필자를 찾아오게 된 것이다. 10여 년 전 상황에서 저 말을 해준 치과의사가 잘못했을까? 그 사이에 대체 무슨 일이 있었기에 그 멀쩡하던 치아가 다 상해버렸을까?

정답을 얘기하자면 50대 어르신은 10여 년 전 치과의사의 말을 잘못 해석한 것이다. 분명 충치가 잘 안 생기는 치아가 있다. 생기더라도 아주 미약하게 생겨서 대부분 치과의사는 그런 충치는 치료하지 않는다. 하지만 잇몸질환은 다르다. 잇몸질환은 오직 충치균 때문에 생기는 게 아니고 다양한 원인으로 발생하며, 가장 주목할 만한 잇몸질환의 특징은 순식간에 악화된다는 것이다. 흔히들 '풍치'라고도 하는데 양치질만 잘하면 되겠지 하고 생각하면 오산이다.

치아 하나의 가치가 얼마인지 아는가? 2008년 미국의 리서치 기관인 〈더 내셔널브로〉에서 발표하기를 치아 하나의 가치가 3만 달러라고 한다(Sherry Glied, Matthew Neidell). 우리 돈으로 3,400만 원쯤 되겠다. 치아 하나가 중형차 한 대 값이다. 하지만 치아는 절대 하나만 단독으로 빠지지 않는다. 방심한 사이 인접 치아와 다른 치아도 같이 망가진다.

그러면 치료하면 되지 하고 생각할 것이다. 그러나 치과 치료를 받아본 사람은 알겠지만 치과 치료는 금방 끝나지 않는다. 치료가 다 끝나기 전에는 여행도 못 간다. 앞니라도 빠진다면 대인 관계에도 문제가 생긴다. 그뿐이랴, 식사도 불편하다. 더 멀리는 치아의 상실은 뇌세포를 퇴화시킨다. 치아가 맞부딪힘으로써 뇌세포를 활성화되는데, 그게 안 되니 치매가 오는 것이다. 최근 일산병원 김영택 교수는 치주질환으로 성기능 장애가 1.5배 더 발생한다고 발표했다. 그래서 나는 좋은 치과의사와 친해지면 1억 이상의 가치가 있다고 감히 말할 수 있다. 주변에 좋은 치과가 없다고? 걱정 안 해도 된다. 당신은 이제 1억 이상을 번 것이다. 필자가 그 방법을 차근차근 알려주겠다.

사실 시중에도 치과 치료에 관해 이야기해주는 책은 많다. 하지만 치과 지식에 대해서 알려줄 뿐 좋은 치과의사를 왜 만나야 하는지, 좋은 치과의사는 어떻게 고르는지에 대한 책은 없다는 걸 알았다. 몇몇 책들은 전공서적을 옮겨놓은 듯했다. 어느 일본인 저자가 쓴 책에는 치아 그림까지 나와 있었다. 다 읽으면 치과 치료도 할 기세다.

그러나 설령 그 방대한 양을 다 숙지했다고 해도 결국 본인의 치아를 본인이 직접 치료할 수는 없다. 껍데기인 지식인 것이다. 그래서 나는 최대한 현실적으로 와 닿을 수 있는 내용을 담으려 했다. 치료는 당연히 전문가에게 맡겨야 하고, 적절한 시기에 적절히 치료함으로써 구강건강 및 전신건강의 위협으로부터 자유로워져야 한다. 그러면 크나큰 경제적 손실까지 예방할 수 있다.

계획적 소비에 가장 걸림돌이 되는 것이 여러 사건사고지만 치아로 인한 갑작스러운 사고는 좋은 치과의사와 친해지면 단언컨대 예상 가능한 시기와 범위 내에서 이루어질 것이고, 따라서 당신의 계획적 소비에 큰 도움이 될 것이다. 결국, 치과에 언제쯤 가봐야 할지를 알고 자기에게 맞는 좋은 치과의사를 선택하는 게 적게는 수천만 원에서 많게는 수억 원의 가치를 갖게 해줄 것이다. 건강한 삶은 덤이다.

강혁권

목차

2장

무엇이 치과를 믿지 못하게 만들었나

3장

치과에 가기 전에 꼭 알아야 할 것들

4장
치과 치료에 대한 궁금증, 무엇이든 물어보세요

5장
믿을 수 있는 치과는 무엇이 다른가

6장
좋은 치과를 선택하는 방법

1장

치과, 알고 가면
돈이 된다

9만 원 아끼려다
9천만 원 쓰는 환자들

　핑크색 야구모자를 깊게 눌러쓴 여자분이 치과 문을 열고 들어
왔다. 나이는 30대 중반 정도로 얼굴이 작고 갸름한 미인이다. 접
수창구에서 인적사항을 적고 잠시 대기실에서 앉아 있다가 치과
진료실 안으로 들어와 앉았다. 상담 실장은 이런저런 사전 질문을
한다.

　"어디가 불편한지 말씀해주시겠어요?"

　"검진 좀 하러 왔어요."

　"우리 치과는 오늘 처음이신데, 가장 최근에 치과에 방문한 게
언제세요?"

　"……."

그 미인은 계속 말이 없었고 치과 원장이 그녀 앞에 나타났다. 차트에 적힌 인적사항과 메모를 쓱 보고 나서 첫 질문을 한다.

"안녕하세요. 오늘 검진하러 오셨는데 일단 구강을 보고 상담을 진행하도록 할게요. 너무 긴장하지 마세요."

치과 원장이 입안을 보겠다는 말에 갑자기 여자분이 그동안 참았던 눈물을 터트린다. 흐르는 눈물은 여인의 마스카라를 타고 내려 까맣게 선을 그렸다. 한참을 울더니 이윽고 입을 열었다.

"원장님, 창피해서 입을 못 열겠어요. 흑흑."

약간 당황스럽지만, 그래도 담담하게 이야기한다.

"괜찮아요. 전혀 창피해할 필요 없어요. 여기는 다들 치아가 안 좋은 분들만 오세요. 환자분보다 어린데도 더 치아 상태가 안 좋은 분들도 치료 담담히 잘 받고 그래요. 일단 숨 한 번 크게 들이쉬세요. 물 한잔 갖다 드릴게요."

상담 실장이 덤덤히 말을 받아준다. 그리고 어렵게 검진을 시작했는데 상태가 많이 안 좋긴 했다. 어금니 몇 개는 빠져 있고 남은 어금니는 덜렁거리는 상태인데다 앞니까지 충치가 심했다.

사연인즉 치과 공포가 너무 심해서 처음에는 한쪽 어금니만 안 좋았는데 그냥 두고 반대편 치아로만 씹었단다. 그렇게 한쪽만 쓰다 보니 무리가 왔고, 참고 참다가 이제는 앞니까지 썩어서 찾아왔다는 것이다.

어떤가요? 이 여자분이 좀 심각해 보이나요? '에이, 저건 좀 심한 경우네' 싶나요?

절대 이분이 많이 특별한 경우는 아니다. 대략 이런 환자들이 환자 중에 20퍼센트가 넘는다. 5명 중에 1명 꼴이다. 종종 이처럼 눈물을 보이는 여자분도 있고 남자분들은 한숨을 쉰다. 꽤 흔한 패턴이다.

5명 중 4명은 보통 초기 증상이 생기면 거의 바로 치과에 내원한다. 그런데 1명은 일단 참거나 그 부위를 피해서 식사를 한다. 사실 그러다 보면 괜찮아지는 것 같다. 그래서 '어랏? 이거 봐라. 시간 지나니까 괜찮아지네?' 이러면서 그냥 잊는다. 그러나 치과 질환을 감기처럼 생각하면 위험하다. 그러다가 반대쪽이 아파오면 일전에 극복한 경험이 있어서 또 괜찮아질 거라고 생각하고 조심스럽게 씹어먹으며 두 번의 위기를 자체적으로 극복한다.

이 정도 되면 일종의 자기 확신이 생기게 되는데, 통증이 와도 참고 견디면 괜찮아질 거라고 생각한다. 그러다가 결국 흔들림이 심해지고 통증이 더 심해지면 이건 아니다 싶어 치과를 찾게 된다.

치과 치료에도 타이밍이 있다

2008년 미국의 리서치 기관인 더 내셔널브로에서 발표하기를 치아 하나의 가치가 3만 달러라고 했다(Sherry Glied, Matthew Neidell). 우리 돈으로 3,400만 원쯤 되겠다. 치아 하나가 중형차

한 대 값이다. 산출 근거는 치아 상실로 야기되는 저작 장애, 그리고 그 저작 장애로 발생하는 위장관 장애와 대인관계 악화 및 치아 상실로 인한 조기 치매유발률 등을 고려했다고 한다. 보통 정상 성인의 치아 개수가 28개이니 이 미국식 산출법으로 계산하면 전체 치아의 가치는 대략 9억 5천 정도 되겠다.

그런데 미국은 한국에 비해 GDP도 높고 의료수가도 높으니 동일 선상에 놓을 수는 없고, 우리 식대로 간단히 계산해보면 치아를 상실했을 때 들어가는 치료비와 치아가 없는 동안 발생하는 부가적인 위장장애 및 대인관계 실축, 잔존 치아들의 피로 축적 및 치료기간이 길어짐으로써 수명이 단축되고 추가적인 치료가 또 필요함 등을 고려했을 때 대략 9천만 원의 손실이 나온다. 이렇게 계산해도 절대 적지 않은 금액이다.

처음에 언급했던 미모의 여성은 치과에서 장비 돌아가는 소리만 들어도 너무 민감하게 반응해서 수면치료로 치료를 진행했고, 짧은 기간에 끝나지는 않았지만 다행히 끝까지 포기하지 않고 따라와 주어서 무사히 잘 치료를 마칠 수 있었다.

하지만 초기에 간단히 치료할 수 있었던 것을 본인 스스로 문제를 키워서 경제적 손실 및 정신적 손실 및 시간적 손실까지 초래하게 된 점은 매우 유감스럽게 생각한다. 여전히 5명 중의 1명은 그런 환자라는 게 안타깝다.

'인생은 타이밍'이라는 말을 참 좋아하는데, 치과 치료도 타이밍이라고 말하고 싶다. 조금이라도 안 좋다 싶으면 단골 치과에 내원해서 꼭 검진을 받아보길 추천한다. 단골 치과가 없더라도 걱정하지 않아도 된다. 이 책 한 권을 다 읽게 되면 인생에 든든한 단골 치과 하나를 만들 수 있을 것이다.

의사를 믿지 못하는 환자,
환자가 불편한 의사

환절기에 감기에 걸려서 기침이 심해지면 내과에 간다. 운동하다가 손목이 삐끗하면 정형외과에 간다. 이렇게 신체 다른 곳이 아플 때는 쉽게 근처 병원을 찾지만, 유독 치아가 아프면 일단참고 지내는 사람들이 많다. 치아 상태에 따라 통증이 점점 심해지는 경우도 있지만, 별다른 통증이 없어 모르고 지내는 사람들도많다. 그러다가 괜찮아지는 경우도 있지만, 증상이 더 심해져서야어쩔 수 없이 치과에 간다. 간혹 어떤 사람들은 본인만이 아는 민간요법으로 아픈 것만 대충 해결하기도 한다.

예전보다 우리는 매스컴을 통해 치아 관련 상식에 관한 방대한정보를 접할 기회가 많아졌다. 다양한 정보를 접하는 것은 도움이 되지만, 무분별한 수용은 오히려 치과 치료에 대한 잘못된 오해를 불러일으키는 원인이 되기도 한다. 또한, 치과의사마다 진단 및 치료에 대한 견해가 다르므로 무조건적으로 누가 옳고 그르다 판단할 수 없는 것이 사실이다.

어떤 질병이든 직접 병원에 내원하여야만 정확히 진단하고 치료계획을 수립할 수 있다. 아무리 좋은 치료도 본인에게 맞지 않으면 치료 효과를 기대하기 어렵다. 그러므로 스스로 내린 섣부른 판단은 자칫 병을 키우는 역효과를 낼 수 있다. 그럼에도 정보만 믿고 치과로 직접 찾아가 상담을 받고 치료받는 것을 꺼리는 사람들이 많다. 참 아이러니한 상황이다.

사실 다른 외과적 내과적 질환들은 입원부터 시작해서 수술까지 최종 치료가 험난한 경우가 더 많다. 그에 반해 치과 치료는 비교적 위험부담이 적고 치료가 간단하다. 치아는 사람이 일상생활을 하는 데 있어 상당히 중요한 역할을 하는 기관이다.

치아의 가장 대표적 기능은 씹는 기능이지만, 원활히 발음하는 데도 필수적이며 요즘에 이르러서는 미인의 대표적인 상징으로 밝은 미소가 요구되니 외모에도 상당히 중요한 역할을 담당한다. 그럼에도 내과보다 치과를 잘 찾지 않게 되는 이런 아이러니한 상황은 도대체 왜 벌어지는 걸까? 단순히 치과 치료가 아프기 때문일까?

환자와 의사 사이에 필요한 건 솔직한 대화

치과 치료를 위해 여러 치과를 다녀본 사람들은 한 가지 의문을 갖게 된다. 왜 치과마다 치료비가 다를까 하는 점이다. 하루는 이런 환자가 왔다. 엄마와 고등학생 딸아이가 함께 왔는데 치열교정치료를 받기 위해 충치 검진을 하러 온 참이었다. 엑스레이 사진을 찍고 충치 검사를 했다. 검진하니 큰어금니 3개가 썩어 있었다. 치료해야 할 충치가 3개라고 말씀드렸더니 환자의 어머니가 다소 황당한 얼굴로 말씀하셨다.

"아니 원장님, 사실 여기가 세 번째 방문한 치과인데요. 첫 번째 치과에서는 3개라고 했지만 두 번째 치과에서는 7개라고 말씀하셨는데, 또 여기는 다시 3개네요? 충치를 못 찾은 거 아니에요? 왜 충치 개수가 치과마다 다르죠?"

이처럼 같은 충치를 보고도 의사의 진단이 다른 경우를 종종 볼 수 있다. 또한, 환자가 스스로 느끼는 치료가 필요한 치아와 의사가 보았을 때 치료가 필요한 치아가 다른 경우도 상당한다. 의사는 육안으로 확인하고 검진하는 것을 넘어 환자의 양치 습관이라든지 나이라든지 여러 복합적인 요소를 함께 생각하여 진단을 내리게 된다. 그 때문에 의사의 견해가 통일되기는 어려운 일이라고 할 수 있다.

일단 내가 찾아가는 치과에 대해 잘 알지 못하고 가는 경우가 대부분이기 때문에 의심하는 마음이 들게 된다. 치과 자체를 넘어내 치아를 치료해줄 의사에 대한 믿음이 단번에 생기기란 정말 어렵다. 첫눈에 반해 사랑에 빠지는 건 연인이라면 모를까, 의사와 환자의 관계는 우리가 일상생활에서 맺는 인간관계와 비슷하게 적용해보면 생각하기 수월하다.

어떤 관계든 상대를 향한 이타적인 태도와 더불어 진실이 통해야 단단한 신뢰를 쌓을 수 있다. 치과와 환자, 치과의사와 환자와의 관계도 별반 다르지 않다. 병원은 환자에게 믿음을 줄 수 있어야 한다. 환자와 병원이 신뢰의 관계를 맺는다는 것, 어떻게 보면 복잡한 문제 같지만 실은 굉장히 간단한 문제일 수 있다. 환자와 의사가 딱 한 걸음씩만 양보하면 된다. 그런데 그 방법을 몰라서 서로 양보하지 못했던 건 아닐까?

아까 그 환자의 어머니 이야기로 돌아가 보겠다. 단순히 충치가 3개라고 말하지 않고 이렇게 한마디 덧붙였더라면 어땠을까?

"따님이 교정치료를 시작하려는데 충치가 있어서 걱정되시겠어요. 치아교정 하느라 돈도 많이 들어갈 텐데 충치치료까지 한다고 또 돈 들어갈 생각하니 부담되시죠? 그래도 지금 치료하면 나중에 더 큰돈 안 들어가요. 따님이 좋은 어머님을 두셨네요."

어떤가? 좀 부드럽지 않은가? 그리고 반대로 환자도 이렇게 한번 이야기해줬으면 어땠을까?

"이번에 교정치료 하느라 돈도 많이 들어가는데 충치치료까지

해야 한다니 부담이 되는 게 사실이에요. 그런데 지난번에 다른 치과 갔을 때는 충치 개수가 7개라고 이야기하던데 왜 치과마다 충치 개수가 다른 거죠?"

사실 이렇게 이야기해주면 치료하는 입장에서도 상당히 마음이 편하다. 환자가 어떤 점이 궁금한지, 어떤 점이 의심되는지 명확히 알 수 있기 때문이다. 의사들도 알고 있다. 환자가 아무 말 없이 치료를 잘 받는다고 해서 내 치료에 백퍼센트 만족하는 게 아니라는 사실을. 궁금한 점, 불편한 점 등을 솔직히 이야기해주는 게 좋다. 오해가 있으면 오해를 풀 수도 있고, 또 설령 실수한 부분이 있더라도 사과할 기회가 제공되기 때문이다.

하지만 환자들은 의사를 신뢰하기 전까지 먼저 그런 말을 잘 꺼내지 않는다. 그러다 보면 대화는 점점 사무적으로만 이루어지게 되고 결국 충치치료 몇 개, 치료 비용 얼마 이런 대화만 남게 되는 것이다. 의사는 한 걸음 더 다가가 환자의 입장에서 바라볼 수 있어야 하고, 환자 역시 한 걸음 더 다가가 신뢰를 줄 때 좋은 진료로 이어질 수 있다.

질문 많은 환자가
더 빨리 낫는다

치과의사가 아무리 쉽게 이야기를 해줘도, 모니터에서 형형색색의 치아 사진으로 설명을 해줘도, 손에 잡히는 모형으로 정말 다정다감하게 이야기를 해줘도, 설명을 듣고 있는 순간에는 고개를 끄덕이지만 막상 집에 와서 아내나 친구가 무슨 치료를 받았느냐고 물어보면 우물쭈물하게 된다. 특히 간단한 충치 치료에서 조금만 벗어나도, 설명이 길어질수록 난생처음 듣는 용어들이 나오는 경우가 많으므로 더욱 그러하다.

이유는 간단하다. 너무 많은 내용을 전달하다 보면 핵심적인 내용보다 부가적인 내용이 주가 되기도 하고 의학 전문적인 설명은 아무리 쉽게 이야기해도 어렵기 때문이다. 한 명의 치과의사가 만들어지기까지 6년의 학사 과정이 필요하고, 과별로 전문의를 따는 과정에서 인턴과 레지던트까지 해서 또 4년이니 무려 10년의 세월이 걸린다. 그 10년 동안 배운 내용을 10분도 안 되는 시간에 환자에게 전달하다 보니 당연히 무리가 있는 거다.

치과의사에게는 너무나 익숙해 당연한 내용이지만, 그게 다른 사람에게는 복잡할 수 있다는 그 기본적인 생각을 필자도 몰랐던 적이 있었다. 직원들 상대로 교육할 때 어떤 이론에 대해서 가볍게 설명하고 넘어갔는데 그 이론에 대해서 계속해서 질문이 나와서 당황한 적이 있다. 그 일로 깨달은 바가 있었다. 의사는 환자에게 자세히 설명해야 할 의무가 있지만, 그렇다고 구구절절 다 얘기했다가는 혼란만 온다. 큰 틀을 짜주고 그 틀의 장단점을 쉽게 설명해주는 방식을 취해야 한다. 그리고 환자의 식성, 경제적 상황, 심미적 요구도, 전신질환, 치료받을 수 있는 기간, 통증에 관한 안 좋은 기억, 그 외 주목할 만한 요구 사항 등을 전반적으로 고려해서 그 환자에게 가장 추천할 만한 치료를 제시해야 한다.

이러한 합의가 이루어지기 위해서는 환자도 자기 자신을 충분히 어필해야 하는데, 이게 바로 당신이 이 책을 읽어야만 하는 이유이다. 꼭 치과 치료 내용을 이야기하는 것이 아니다. 신체의 치료는 마음의 치료와 병행이 되어야 한다. 본인이 가지고 있는 부분들을 충분히 어필해야 한다. SUV가 필요한 사람에게 고급 세단은 필요가 없다. 마찬가지로 비싸기만 하다고 훌륭한 치료가 되는 것도 아니고 오히려 안 맞는 치료가 될 수 있다. 맞지 않는 치료는 재치료를 받을 가능성이 커져서 결과적으로 치료비는 치료비대로 나가고 시간은 시간대로 낭비하는 악순환이 생기는 것이다. 결국, 추가적인 비용이나 시간을 막는 것이 돈 버는 길이다.

환자에게 안성맞춤인 진료는 따로 있다

비 오는 날에만 치료받으시던 할아버지가 한 분 계셨다. 건설 현장에서 일해본 사람은 알 거다. 왜 비가 오면 치료받을 수 있는 지. 비가 와야지만 일이 쉬기 때문이다. 그분은 연세에 비해 항상 활력이 넘쳤고 오실 때마다 박카스 한 병, 바나나우유 하나 등 소소한 선물을 들고 오셔서 더욱 신경이 쓰이는 환자였다.

같은 회사에서 일하는 다른 분이 간단한 치료를 받았는데 고맙게도 소개해주셔서 오신 분이었다. 다른 치과의사들도 그렇겠지만, 소개 환자는 정말 고맙다. 소개해주신 분도 고맙고 소개받고 오신 분도 고맙다. 그래서 더욱 신경이 쓰이는 게 사실이다. 행여 그냥 갔더라도 소개받고 왔다고 하면 좋다. 누구 소개로 받고 왔느냐고 물으면 그냥 아무 이름이나 말해도 된다. 소소한 팁이다.

하여튼 이분은 이날 작정을 하고 오셨다. 치료비를 현금으로 들고 오신 것이다. 보통 우리가 물건을 살 때는 금액이 정해지면 대략적인 상품이 정해진다. 그 안에서 소소하게 옵션이 달라지긴 하지만 큰 틀은 정해진다. 치과 치료에 있어서도 일정 부분 맞다.

예를 들어 치아 하나를 씌운다거나 때운다거나 임플란트 하나를 한다고 했을 때처럼 말이다. 하지만 전체 치료가 들어가는 시점부터는 양상이 완전히 달라지고 이때부터 고려해야 할 사항이 많아진다. 즉 비싼 치료가 가장 적합한 치료가 아니라는 말이다. 여러 가지를 고려해서 가장 적합한 치료를 하는 게 무엇보다 중요하다. 고려해야 할 사항 중에 중요한 것 하나가 치료받을 기간 동안 식사는 어느 쪽으로 해야 할지, 그 외에 평상시 먹는 음식물의 종류라던가 남아 있는 치아들의 건강 상태, 치료기간이나 비용 등을 충분한 인터뷰를 통해 파악하게 되는데, 이분 같은 경우 육류는 일주일에 한 번 정도 드시고 술은 하루에 소주 반병 정도에 매일 담배를 한 갑씩 태우셨다.

일반적으로 오해하는 부분 중 하나가 치아가 다 있어야 한다고 생각하는 것이다. 물론 없는 것보다 있는 게 더 좋기는 하다. 그러나 경우에 따라서 어금니가 하나 없는 상황이 90점이고 하나 더 있는 상황이 91점 정도 되는 경우도 많다. 즉 가성비가 너무 떨어질 때가 있는 것이다.

실제로 유럽에서는 SDA(The Shortened Dental Arch)라고 해서 원래 치아보다 8개가 없어도 식사에 아무런 지장이 없는 집단이 있고 그 집단을 10년 넘게 추적 조사하며 연구하는 치과 단체도 있을 정도로 사람의 상황이라는 게 그만큼 다양하고 그 상황에 맞춰서 치료 방법도 달라야 한다는 게 정설이다.

그런데 이분이 딱 거기에 맞는 상황이었다. 환자는 경제적 여건 때문에 치아를 몇 개 깎아서 씌우고 나머지는 틀니를 해달라고 하셨지만, 환자의 나이라든가 평균 수명에 비추어봤을 때 치아를 다 만들어주는 틀니보다는 중요 위치에 튼튼한 어금니를 임플란트로 회복주는 치료를 하는 게 효율적이었다. 그 결과 오히려 환자가 처음 예상했던 금액보다 몇백만 원을 아낄 수 있었다. 당연히 환자는 비용면에서도 만족하셨고 치료 후에도 아무 불편감 없이 잘 생활하고 계신다.

치과 진료에 있어 상충되는 몇 가지 개념이 있다. 치료를 빨리 끝내고 싶은 마음과 시간이 걸리더라도 치료를 제대로 다 받고 싶은 마음이다. 그다음으로 경제적인 비용으로 하고 싶은 마음과 하는 김에 비싸더라도 좋은 걸로 하고 싶은 마음이 그 두 번째다. 그리고 아프지 않았으면 하는 마음, 치료 도중 식사도 가능했으면 하는 마음이 있다. 이 모든 것은 하나씩 접근했을 때는 모두 다 가능하다. 하지만 두 마리 토끼를 잡을 수 없듯이 대개 다 챙길 수는 없는 노릇이다.

그래서 어떤 부분이 당신이 가장 원하는 것인지를 인터뷰를 통해서 도출해내야 한다. 그 과정은 원하는 것 하나를 정하는 과정이 아니라 버려도 괜찮은 부분을 결정하는 과정이라 하는 게 맞겠다. 그리고 앞서 말했듯이 치과의사 단독으로 결정하는 게 아니라 환자가 자신을 충분히 어필하여 치과의사의 도움으로 객관화하여 판단해야 한다.

이 과정이 선행되지 않을 경우 치과의사 입장에서는 가장 고액의 치료를 결정하게 된다. 그건 치과의사가 돈을 많이 벌기 위해서가 아니라 그렇게 해야만 나중에 어떠한 불편감이나 부족함이 생겼을 때 비난을 피할 수 있기 때문이다. 결과적으로 환자 즉 당신은 불필요한 치료비를 과다 지출하게 될 수 있다.

왜 커피 주문은 디테일하게 하면서
의료 주문은 대충하나요?

스타벅스에서 주문해보았는가? 기본적으로 커피 종류를 고르고 사이즈, 뜨거운 커피인지 아이스커피인지를 고른다. 나도 그냥 "따뜻한 카페라떼 톨사이즈로 주세요" 하고 주문하지만, 어떤 이는 에스프레소의 종류를 고르고 또 우유의 종류 및 양, 휘핑 유무, 드리즐 유무, 자바칩을 넣는다면 통으로 넣을 것인지 가루로 넣을 것인지 등등 지면에 옮겨 담기 어려울 정도로 많은 종류의 인디 오더를 넣기도 한다. 군이 그렇게 까다롭게 주문할 필요가 있겠냐 싶겠지만, 그만큼 커피를 주문한 사람의 만족도는 높아졌을 것이다.

확실히 예전과 비교하면 국내에 상주하는 외국인이 늘어났다. 외국어 학원이 증가한 때문도 있지만, 꼭 원어민이 아니더라도 한국 교포인데 미국이나 유럽에서 몇 년 살다가 한국으로 들어와 사는 사람들도 많아졌다. 그러다 보니 치과에도 외국인 환자도 늘었다. 외국인들은 확실히 다른 게 일단 질문을 굉장히 많이 하고 또 자기가 원하는 점에 대해서 분명하게 어필한다. 처음에는 그들의 과하게 디테일한 요구가 당황스럽기도 했지만, 계속해서 겪다 보니 오히려 이러한 디테일이 환자나 의사 모두에게 만족스러운 결과를 낳는다는 것을 알게 되었다.

의사에게 정확하게 질문하고 까다롭게 요구하라

보통 앞니를 교정한다거나 심미적인 이유로 치료하는 경우 치아를 안쪽으로 배열해서 입술을 안쪽으로 넣고 싶어한다. 그렇게 하면 상대적으로 콧날이 오뚝해 보이는 효과도 있다. 꼭 심미적인 이유가 아니라 충치 치료 목적인 경우에도 치아를 안쪽으로 배열하지 바깥쪽으로 배열하진 않는다.

우리 치과 환자 중에 부동산업을 하시던 남자 사장님이 있었는데 어느 날은 사모님을 모시고 오셨다. 호탕하신 사장님과 달리 사모님은 말씀도 굉장히 조심스럽고 조용조용하셨다. 10여 년 전에 치료를 받은 앞니 보철물이 등갈비를 드시다가 덜컥 부러져서 앞니 보철을 다시 해야 하는 상황이었다. 상담 시간 내내 조용히 고개만 끄덕이며 듣고만 있다가 특별히 바라는 점이 있느냐는 질문에도 딱히 그런 건 없고 아프지만 않게 잘 부탁드린다고 말씀하셨다.

치아 상황이 어떻고 어떤 치료를 받아야 한다고 설명해드리고 그날부터 바로 치료에 들어갔다. 사장님 같은 경우 진료 시간에 늦게 오시는 게 일상인데 반해 사모님은 단 한 번도 늦은 적이 없을 정도로 점잖으셨다. 그렇게 몇 주에 걸쳐서 치료를 받았고, 충치 치료가 다 끝난 상태에서 보철만 끼우면 되는 상황이었다.

앞니 같은 경우 어금니보다 훨씬 더 모양이나 위치가 굉장히 중요하다. 그래서 치과에서 환자 얼굴과 나이를 고려한 임시 치아를 먼저 제작하고 그 임시 치아를 기본으로 디테일한 수정을 진행하게 된다. 그 후 환자와 최종 합의를 거치면 임시 치아 그대로 최종 보철물이 나오게 되는데, 최종 보철물이 나와도 바로 끼우는 건 아니고 한 번 더 수정을 거치게 된다. 아무래도 다른 치아와 색의 미묘한 차이가 있기 마련이고 또 빛의 투명도 등에 따라서 인상이 많이 바뀔 수 있기 때문에 이런 과정을 거친다.

이 사모님의 경우 기존 보철물 위치가 입술선 기준으로 좋은 위치였고, 안쪽으로 조금 넣을 여지는 있었지만 자칫 입이 너무 들어가 보일 수 있었다. 그래도 혹시나 싶어 치아를 넣기를 바라느냐고 물어도 그렇지는 않다고 하셨다. 그래서 통상적인 형태로 임시 치아를 제작해서 끼우고 안모 사진을 찍어 보여드리고 또 직접 거울로 보여드렸다.

그런 일련의 과정에서도 사모님은 항상 웃기만 하고 만족해하는 듯 보였다. 그렇게 치료는 마무리에 이르게 되었고 최종 보철물까지 잘 끼우고 치료는 잘 마무리되었다. 치료 후 2주 뒤 리콜 체크라고 해서 2주간 사용해본 뒤 불편감이나 특이사항을 묻는 약속에서도 별다른 말이 없었고 3개월 체크 때도 별다른 특이사항이 없어서 1년 정기 체크 약속을 잡아드렸다. 그런데 갑자기 6개월 뒤에 사모님이 오셨다. 체크 약속은 아직 남았는데도 말이다.

"원장님, 죄송해요. 사실은 제가 과거에 치과 치료받을 때 너무 아프게 치료를 받아서 안 아프게만 치료받고 싶다고 말씀드렸는데 사실 치아가 좀 더 크고 살짝 밖으로 나왔으면 해서요. 그전 치과에서 치료받을 때는 치아를 넣고 싶어서 그렇게 치료받은 건데 넣고 보니 좀 어색해서요. 중간중간에 원장님이 여러 번 물어보신 거 알아요. 그리고 기간이 너무 지나버린 것도 알아서 그냥 살아야 하나 했는데 계속 신경이 쓰여서요. 정말 용기 내서 왔어요. 제가 비용은 다시 지불할 게요."

요약하자면 원래 치아 위치가 괜찮아서 안 건드린 건데 환자는 원래 치아 위치가 오히려 안쪽으로 들어왔다고 생각하는 것이었고 통증에 대한 염려가 너무 큰 나머지 그 부분은 깜빡한 것이다. 비용도 비용이지만, 더 큰 문제는 시간이었다. 완전히 붙이기 전이라면 쉽게 수정이 가능하지만 완전히 붙인 후에는 마취하고 잘라서 제거한 뒤 처음부터 다시 만들어야 한다. 임시치아부터 말이다. 기간이 거의 두 배 가까이 걸린다.

동서양의 문화 차이일 수도 있겠다. 외국의 경우 본인의 생각을 표현하는 데 있어서 굉장히 자연스러운 반면, 동양의 정서는 참는 게 미덕이라고 가르치는 영향 때문인지 말을 아낀다. 하지만 절대 그래선 안 된다. 표현해야 하고 원하는 바가 있으면 이야기 해야 한다.

물론 모르는 부분이 많아서, 그리고 어떻게 표현해야 할지 몰라서 이야기 못 하는 경우도 많다. 그래서 치과 측에서 먼저 환자에게 질문하는 것이다. 이런 옵션이 있고 저런 옵션이 있는데 어떤 옵션이 좋겠느냐고. 그런 질문을 받았을 때 귀찮다고, 또는 교양 없어 보일지 모른다고 절대 그냥 넘기면 안 된다. 신중히 생각하고 질문에 답만 잘해도 훨씬 좋은 결과를 얻을 수 있고 쓸데없이 낭비되는 돈과 시간도 절약할 수 있다. 치료의 내용뿐 아니라 비용이나 기간에 대해서도 원하는 바가 있으면 먼저 말해주어야 치과에서 그에 따른 해결책을 내놓을 수 있다. 절대 까다로운 게 아니다. 합리적인 것이다.

잘못 받은 진료,
보상받을 수 있을까?

우리나라에는 1987년 소비자보호법에 의하여 '한국소비자보호원'이 설립되었다. 소비자보호원이라는 이름에 걸맞게 소비자보호원의 설립 목적은 소비자 권익과 불만 처리, 피해 구조 등이다. 얼핏 이름만 들으면 소비자 편에 서서 소비자의 정당한 권리와 이익을 보호해줄 듯하지만 사실 그렇지 않다.

소비자보호원의 목표는 소비자의 권리 회복이 아니라 소비자와 사업자 간에 문제가 발생했을 때 적절한 합의를 통해서 원만하게 해결하고자 함에 있다. 그것도 소비자보호원에서 검토한 결과 사업주에게 명백한 귀책사유가 발생했을 때 진행하는 것이고 법적으로 아무 문제가 없는 경우 합의권고조차 없이 사건을 종결시킨다. 합의권고를 시행했는데도 원만한 합의가 안 이루어지는 경우 소비자분쟁조정위원회로 넘어가게 된다.

소비자분쟁조정위원회는 준사법기관으로, 조정이 성립되었으나 결정내용을 이행하지 않으면 강제집행을 할 수 있다. 하지만 당사자 일방이 이를 거부할 경우 소액심판제도를 통한 민사 소송으로 이어지게 된다. 즉 소비자가 너무나 명백한 피해를 입었을 경우에도 소비자보호원의 역할은 소비자의 하소연을 들어주고 그 하소연을 생산자에게 전달해주는 것뿐이다.

그도 그럴 것이 소비자분쟁조정위원회에 소속된 변호사가 9명 내외이고 분과별 전문 인원이 23명뿐인데, 대한민국의 그 모든 소비자의 상황을 어찌 다 해결해주겠는가. TV홈쇼핑이나 인터넷 쇼핑몰 등에서의 피해도 보상받기가 힘이 드는데 하물며 의료 쪽은 어떠할까?

물건을 샀는데 물건이 실제와 다르다거나 사용하지도 않은 물건이라서 교환을 원한다거나 하는 상황은 상당히 객관적이어서 시비를 가리기가 쉽다. 하지만 의료의 경우 그 특성상 의료의 질을 비전문가가 논하기가 어렵고, 더구나 전문가가 평가한다고 해도 전문가에 따라 의견이 엇갈릴 수 있기 때문에 명확히 해석이 안 된다.

더구나 접근방법이 완전히 다른 게, 옷을 샀는데 마음에 안 들면 반품하면 되지만 쌍꺼풀을 했는데 마음에 안 들면 반품이 될까? 안 된다. 이처럼 의료에 있어서 소비자보호원은 사실 해줄 수 있는 게 별로 없는 게 사실이다.

내 입의 안전은 내가 지켜야 한다

나와 같이 일했던 직원 이야기를 해볼까 한다. 워낙 발랄한데다 항상 긍정적이어서 치과 분위기를 언제나 활기차게 해준 밝은 직원이었다. 그녀는 출근 첫날부터 교정기를 끼고 있었다. 보통 치과의사들이 그렇지만 나는 다른 의사의 치료에 대해 일절 간섭을 안 한다. 치료마다 철학이 있고 의사들 개개인의 방법이 다 다르기 때문이다. 또 가족도 아니고 내가 치료해줄 것도 아닌데 남의 진료에 이래라저래라 하는 것만큼 꼴불견인 것도 없다.

그렇긴 하지만 그녀는 근속연수가 오래되었고 또 부모님을 두분 다 모시고 와서 나에게 임플란트 치료까지 받은 상태였다. 부모님을 모시고 온다는 건 그만큼 원장을 신뢰한다는 뜻이니 어찌 고마운 마음이 들지 않겠는가. 그래도 내가 먼저 그녀의 교정상태를 체크하지는 않았다. 그런데 어느 날 그녀가 묻는 거다. "원장님, 원래 교정 중에 턱이 아파요?" 원래 교정 중에는 턱이 아플 수 있다. 처음부터 턱관절이 안 좋은 상태에서 교정하게 돼서 아픈 경우가 제일 많고, 간혹 치아 이동으로 일시적으로 턱이 아프기도 하다.

아무튼, 나는 원래 그런 경우가 많으니 너무 걱정하지 말고 주치의 선생님께 잘 이야기하라고 말해줬다. 그랬더니 하는 말이 "저번에 얘기했는데 이번에 담당하는 원장님이 또 바뀌어서 또 말해야 하나 해서요. 거기는 원장님이 너무 자주 바뀌어요." 하는 거다. 원장이 자주 바뀌는 건 사실 좋지 않다. 물론 원장마다 진료 파트가 있고 각자 비중 있는 부분이 있으니 그런 부분들을 나누어서 진료하는 건 상관없지만, 동일한 진료를 다른 원장이 진료하는 건 아무래도 진료의 질이 떨어지기 때문이다.

그럼에도 그냥 넘겼는데 하루는 그녀가 진료가 끝난 후 나에게 하소연을 하는 거다. "원장님, 저 OO치과에서 교정한 지 2년 다 되어가는데 하나도 바뀐 게 없는 것 같고 지금 턱이 너무 아파요. 좀 봐주세요." 그래서 비로소 다른 치과에서 치료받고 있는 환자의 진료를 보게 되었다.

파노라마를 찍고 구강을 봤는데 적잖이 충격이었다. 교정치료라는 것이 단순히 울퉁불퉁한 치아를 펴는 게 아니고 위턱과 아래턱의 위치와 안모를 생각하면서 치열궁이라는 큰 틀의 모양을 잡고 그 모양 안에서 치아를 어떻게 위치시킬 것인가 고민하는 과정인데 그런 고려는 전혀 없이 단지 치아만 펴고 있는 상태였다. 무려 2년 동안 말이다. 엄밀히 얘기하면 2년 동안 시간 낭비를 했던 셈이다.

하지만 상처받을까 봐 차마 그 얘기를 해주지는 못했다. 다만 현재 상태와 앞으로 어떻게 치료를 받아야 하는지, 얼마나 치료를 받아야 하는지 이야기해주었다. 그리고 기간은 길어지지만, 대신에 치료는 잘될 거라고 다독여줬다. 이전 치과에서 진료를 잘했다 못했다는 말은 않고 그 치과에서 잘 정리하고 오란 말만 해주었다. 처음 OO치과에서 적지 않은 돈으로 교정치료를 했던 터라 그녀도 소비자보호원과 보건소 등 여기저기 알아보았지만, 피해보상은 당연히 못 받았고 치료비만 일부 환불받고 이전 치과와 정리하게 되었다. 그녀의 사정이 너무 딱해서 나는 정말 장치값만 받고 교정치료를 시작했고, 지금은 통증이나 별다른 증상 없이 잘 치료받고 있다.

교통사고도 그렇다. 횡단보도의 초록불만 믿고 갔는데 사고가 났다고 치자. 물론 보상을 받을 수 있을 것이다. 그러나 그 후유증까지 보상될까? 만약 장애등급을 받았다면 그 장애를 어떤 걸로 보상을 받을 수 있을 것 같나? 절대 돌이킬 수 없다.

돌아오지 않은 2년처럼 국가와 사회에 아무리 좋은 시스템이 있다 하더라도 결코 보상받을 수 없다. 그래서 교통사고 자체가 나지 말아야 하고, 의료사고 자체가 나지 말아야 한다. 횡단보도의 초록불을 보았더라도 주변을 다시 한 번 둘러보고 건너야 한다. 본인의 안전은 본인이 지켜야 한다. 아무도 책임져주지 않다. 좋은 의사를 만나야 하는 게 정말 중요하다는 말이다.

첫단추를 잘 끼워야 한다. 사람마다 다르겠지만, 안 좋은 진료 기억은 트라우마로 남는다. 드러나진 않지만, 마음속 깊이 남아 다음에 좋은 의사를 만나도 무언의 거부감이 몸에 남아 좋은 진료를 받기가 힘들어진다. 이런 의료 사고를 방지하기 위해 좋은 치과의사를 알아보는 법을 알아야 하는 것이다.

치과만 잘 활용해도
치매와 성인병을 예방한다

예전에 '치매'에 관한 다큐멘터리를 본 기억이 난다. 총 6부작으로 나뉘어 방영된 이 방송은 처음에는 치매에 대한 경각심으로 시작해서 마지막에는 치매에 대한 희망으로 끝을 맺는다. 1, 2부에서는 치매가 생기는 과정을 설명하고 3, 4부에서는 심한 치매 환자의 일상을 담았다. 마지막으로 5, 6부에서는 치매 환자라 할지라도 치매에 걸린 뇌 부분보다 정상적인 부분이 많기 때문에 긍정적인 사고방식과 적절한 식이요법을 병행하면 치매 이전만큼은 아니더라도 일정 수준의 기능을 회복할 수 있다고 이야기하고 있다.

힘들긴 하지만 끝까지 절망하지 않고 노력하다 보면 좋은 결과를 얻을 수 있다는 치매에 긍정적인 비전을 제시하는 방송이었다.

마지막이 긍정적으로 끝나기는 했지만, 도입부에 나왔던 딸을 몰라보는 할머니의 모습과 그 할머니를 간병하다 우울증에 걸린 할아버지 이야기는 잊히지 않는다. 할아버지는 술을 너무 좋아하는데 술을 마시면 자살할 거 같아서 술을 끊었다고 하셨다.

중간에 치매 환자를 담당하는 원장이 "노인이 다른 노인을 간병하는 건 너무 힘든 일이다."고 말한 부분에서는 크게 공감했다. 그만큼 치매는 선뜻 감당하기 힘든 질환임이 사실이다.

본인뿐 아니라 주변인들도 힘들게 하는 치매를 일으키는 원인은 매우 다양한데, 크게 직접적인 원인과 간접적인 원인으로 나눌수 있다. 직접적 원인은 뇌 쪽에 있는 신경의 변성이나 뇌종양 등으로 인해 대뇌겉질에 직접 변성을 일으키는 것이다. 간접적 원인은 뇌 쪽이 아닌 다른 원인으로 인해 뇌혈관의 혈류량이 감소한다거나 마찬가지로 다른 부위의 염증에서 기인한 감염 등이 있다. 이때 우리가 주목해야 할 부분은 불가항력적인 직접적 원인이 아닌 다른 부위의 병변으로 초래되는 간접적 원인인데, 바로 이 부분이 치아와 연관성이 높다.

최근에 발표된 치아 관련 연구 자료를 참고하면 치주질환, 즉 풍치가 심할수록 뇌졸중 발생률이 높고 심할 경우 치매까지 발병될 수 있다고 한다. 치주질환의 주 원인균은 '진지발리스'인데, 이 '진지발리스'라는 세균이 많을수록 치매 위험도가 높아지게 되는 것이다.

치매 환자 중 치주질환을 가진 사람의 경우엔 6배가량 인지능력이 더 빠르게 퇴화한다고 한다. 치주질환의 세균이 잇몸에서 염증성 물질인 '사이토카인'을 증가시켜 치매를 더 악화시킨다는 것이다. 치매 질환으로 사망한 사람 10명과 치매가 없던 사람 10명을 부검한 영국의 연구 사례를 보면, 치매 질환으로 사망한 10명에게만 치주질환 원인균이 발견됐다.

또 다른 간접 원인으로, 치아 개수가 적을수록 치매에 걸릴 확률이 높아지는 것으로 나타났다. 일본 후생노동성 연구 결과 자료에 따르면 65세 이상 노인의 치아 수가 20개 미만이면 치매에 걸릴 위험도는 약 2배에 달한다고 한다. 또한, 영국 킹스칼리지 연구팀은 치아가 없을 경우 인지능력 장애가 3.6배 정도 높아지고, 미국 연구팀은 노인의 치아 개수와 기억력은 비례한다고 밝혔다. 그만큼 저작되는 면적, 즉 치아 개수는 치매와 깊은 관련이 있다는 것이다.

이 같은 현상이 나타나는 까닭은 치아의 유무에 따라 달라지는 음식 섭취 방법과 관련이 있다. 음식을 씹을 때 쓰이게 되는 근육의 움직임과 근육 주변의 혈관 및 입 주변 근육 등의 움직임이 뇌와 지속적으로 교감하며 정보전달 물질이 오가게 되는데, 만약 치아의 개수가 적다면 음식 섭취량이나 쓰이는 부위가 적어져 정보의 양은 적어질 수밖에 없다는 것이다.

실제로 우리 환자 중에도 비슷한 증상을 호소하는 분이 있었다. 항상 따님의 한 손을 꼭 잡고 오시던 할머니였는데 칼국수를 무척 좋아하셔서 직원들끼리 점심때 칼국수집에 가면 매번 만났던 기억이 난다. 이분은 위쪽과 아래쪽 둘 다 치료를 받으셨는데, 아래쪽은 어금니 두 개가 부러져서 각각 임플란트했고 위쪽은 쓰던 틀니가 너무 불편하다고 해서 새로 제작해드렸다. 통상적인 치료를 마무리하고 한 달 만에 정기 검진차 오셨는데 안색이 좋지가 않아 이유를 물었더니 이렇게 대답한다.

"아이고, 원장님. 불편해 죽겠어요. 밤마다 너무 아파서 살도 쑥 빠진 거 같아요."

치료 후 불편하다는 환자의 말은 의사에게 가장 무서운 말이고 가장 괴로운 말이다. 치료가 마무리된 환자에게 이런 말을 듣게 되면 맥이 빠지기도 하지만, 이미 이 환자는 이 불편감 때문에 의사에 대한 신뢰가 무너졌을 거고 그걸 회복하기가 얼마나 어려운지 알기에 이런 말을 듣게 되면 덜컥 겁부터 난다. 하지만 다음 말을 들어보니 치료의 문제는 아니었다.

"평소에 생활하거나 밥 먹을 때는 아무 이상이 없어라. 근데 저녁에 잠잘 때는 틀니를 빼놓고 자야 하잖아요. 물속에다가 담가 놓으려면. 그렇게 빼놓고 나서 한 시간 정도 있으면 머리가 깨질 거 같이 아파요. 그래서 요즘은 그냥 끼고 잔다니까요. 그러면 또 괜찮아요."

전형적인 턱관절 질환이다. 틀니가 됐든 임플란트가 됐든 입안에 치아가 있어서 아래턱과 위턱이 조화롭게 자리 잡고 있으면 증상이 없는데, 자려고 빼놓으면 위치 관계가 틀어져서 얼굴 근육이 긴장하게 되고 긴장된 근육 때문에 그 주변 혈관이 수축하면서 편두통이 야기되는 것이다. 틀니를 빼놓는다고 다 같은 증상이 일어나는 건 아니고, 이미 유발 요인을 어느 정도 가진 상태에서는 충분히 발생할 수 있는 증상이다.

이런 원리를 자세히 설명해드리고 이틀은 끼고 하루는 빼고 그러다 하루만 끼고 하루는 다시 빼고를 반복하면서 적응하면 괜찮아질 거라고 이야기해드렸다. 잘 따라 하셨는지 그 다음번 정기검진에서는 괜찮아졌다는 말씀을 들을 수 있었다.

다르게 생각해보면 요즘 들어서 치매 환자가 부쩍 늘어난다고 느끼는 것은 실제로 치매 환자의 절대적 수가 늘어나는 것보다는 평균수명의 증가로 노인인구가 점점 늘어서 그런 건 아닐까 생각한다. 늘어나는 평균수명으로 생기는 이런저런 상황들에 미처 대비하지 못하다 보니 뜻하지 않은 일들이 자꾸 일어나는 것이다. 그중의 하나가 치매이고 시기적절한 홍보와 공익광고 등을 통해서 이런 중요한 사실을 적극적으로 알린다면 지금보다 현저히 치매 발병률을 낮출 수 있을 거라고 생각한다.

전국의 병·의원과 각종 매체를 통해 알린다면 예상했던 시기보다 훨씬 빠르게 퍼질 수 있을 것이다. 치매 환자들이 받아야 하는 치료에, 또 치매 환자들이 가야 하는 요양원에 투자하기보다는 근본적으로 치매 환자 자체를 줄일 수 있는 예방산업에 투자해야 한다. 그리고 그 첫걸음 중 하나는 제대로 된 양치질이 되겠다.

치아 관리를 못하면 성기능이 떨어진다고?

신용카드사의 빅데이터 센터 연구 결과에 따르면 40~50대 남성의 소비가 이전보다 매우 큰 폭으로 증가하고 있다. 온라인 쇼핑에서는 50% 이상 증가하고 피부미용은 100%, 건강 관련 쇼핑은 200% 가까이 증가했다고 한다. 경제력도 높고, 여러 가지 면에서 자기관리가 필요한 시기이다 보니 이런 소비 증가로 이어졌다고 해석한다. 또한, 결제 시스템의 편리화로 구매가 어렵지 않아졌고, 자신을 위해 투자할 수 있는 아이템들이 다양해지면서 40~50대 중장년 남성들의 소비가 50%에서 200% 가까이 증가하게 되었다. 여기서 주목할 만한 점은 증가한 항목 중 가장 높은 항목이 건강 관련 상품이라는 것이다.

금액으로 환산했을 때 1.8조 원 정도 된다고 하는데, 30대 이전에는 불규칙한 생활과 식습관에도 건강에 이상이 없어서 신경을 안 쓰다가 40대가 넘어가면서 아무래도 음주 후 다음 날이 달라지고 부부생활도 점점 변해가다 보니 관심을 두게 되는 것 같다.

TV 홈쇼핑이나 온라인 마켓을 보면 정말 셀 수도 없는 건강기능식품들이 쏟아진다. 이런 제품들은 신체에 직접적인 효과 효능을 발휘해야 하는 약물과는 달리 효능이 없다고 해서 판매가 중지되거나 하지도 않는다. 그렇기 때문에 실제로 효과를 봤다는 사람도 있고 없다는 사람도 있고 천차만별인데, 시장 자체가 커지다 보니 건강기능식품 시장에 뛰어드는 업체가 우후죽순 생겨나고 있다. 이런 현상은 허위 과대광고로도 이어지는데, 2015년 식품의약품안전처 국정감사 자료 결과 한해 허위광고 적발건수가 5천 5백 건이 넘었다고 한다. 적발된 건수만 발표한 것이지 적발 안 된 것까지 포함하면 그 수는 더욱 많겠다.

하지만 어느 업체에서나 이야기하는 것이, 6개월 동안 혹은 그 이상 꾸준히 먹어야 효과를 볼 수 있다고 하니 소비자 입장에서는 그 효능을 제대로 알 길이 막막하다. 2015년 가짜 백수오 사태는 꽤 유명했다. 백수오 제품 상당수가 이엽우피소라는 유사제품으로 밝혀진 사건이다. 한국의 식품위생법은 세계적으로도 까다롭기 유명한데 이 일로 식약청의 위상이 떨어진 점이 유감이다.

그럼 소비자 입장에서는 어떻게 대처해야 할까? 30대까지만 하더라도 괜찮았는데 40대에 들어서면서 점점 몸이 달라지기 시작한다. 체력이 예전만 못하다. 그런데 그 달라진 몸에 뭘 집어넣어서 다시 예전처럼 되돌릴까 생각하기 전에 달라진 원인부터 알아야 하지 않을까? 단순히 노화라는 이름으로 치부하기에는 마흔이 넘어서도 건강하게 사는 사람들도 많다. 저 사람들은 뭘 먹어서 저렇게 건강하게 사는지 궁금하기도 하다.

최근 터키 이노누대학교 의과대학 비뇨기과 연구팀이 '잇몸건강이 남성의 성기능에 미치는 영향'을 연구해 그 결과를 발표했다. 연구팀은 30~40대의 발기부전 환자 80명과 성기능이 정상인 남성 82명의 치과 치료 기록을 분석했다. 놀랍게도 발기부전 환자 그룹 중 치주질환이 있는 환자는 53% 수준으로, 성기능이 정상인 그룹이 23% 수준인데 반해 배 이상 많은 것으로 확인됐다.

또한, 2014년 7월 일본 홋카이도 아사히가와대학 신장비뇨기 외과팀은 300명의 성인 남성의 치아를 정밀검진한 결과 발기부전과 만성 치주염의 유병률이 유의미한 상관관계가 있다는 사실을 증명했다.

대체 왜 잇몸병이 성기능장애와 이렇게 연관이 높을까? 이에 대해 부산대 의학연구센터 박남철 센터장은 "치주질환의 주요 원인인 구강 박테리아가 혈관으로 들어가서 음경 동맥에 염증을 일으켜 이것이 혈류를 줄게 했을 가능성이 있다."고 밝혔다.

성 기능은 결국 음경에 혈액을 집중적으로 공급함으로써 이루어지는데, 잇몸에 병을 일으키는 박테리아가 잇몸의 상처를 통해 혈관을 타고 흘러 마침내 음경의 미세혈관에 영향을 미쳐 정상적인 혈류 공급 및 흐름을 방해해서 성 기능 장애를 일으킨다는 분석이다.

결국 혈류 장애에 영향을 줌으로써 기능장애를 일으킨다는 이야기인데, 그도 그럴 것이 치아라는 것은 우리 몸에서 유일하게 뼈가 바깥으로 연결된 구조이다. 비슷하게 생긴 구조인 머리카락이나 손톱은 뼈와 연결되어 있지 않다. 그런데 치아는 곧바로 뼈와 연결이 되어 있어서 그 주변부로 혈관과 매우 가깝고 혈관에 직접적으로 영향을 줄 수 있다. 이는 치주염이 혈관에 영향을 준다는 이야기로도 해석할 수 있는데, 이것이 사실이라면 치주염이 갖는 그 파급력은 더욱 광범위해진다.

국가건강정보 포털에 따르면 치주염은 혈관에 크게 6가지 작용을 한다. 피를 뭉치게 하고, 피를 걸쭉하게 만들고, 염증을 증가시키고, 혈관확장을 억제하고, 혈관을 석회화를 시키고, 마지막으로 혈액 내 응고인자를 증가시킨다. 그리고 이는 동맥경화와 같은 심혈관 질환은 물론이고, 폐질환, 당뇨, 조산에까지 막대한 영향을 미칠 수 있으니 상당히 무서운 병이다.

실제로 작년인 2016년 2월 24일 대한치주과학회에서는 '치주병과 생활습관병과의 상관관계'에 대한 연구 결과를 발표했다. 이날 국민건강보험 일산병원 김영택 교수는 올해 1월 저명한 국제 학술지인 'Medicine'에 2002년부터 2013년까지 102만5340명의 데이터를 이용한 이번 연구에서 치주병 보유 시 골다공증 발병률이 1.21배, 협심증 발명률이 1.18배, 류마티스성 관절염 발병률이 1.17배 높아진다는 연관성을 보였으며, 특히 성기능장애는 1.5배로 가장 높은 연관성을 보인다고 발표했다.

물론 이것은 통계적인 접근방식이기 때문에 마치 공부 잘하는 학생 100명과 공부를 못하는 학생 100명을 조사해봤더니 공부를 잘하는 학생들 100명 중 30명은 운동화를 좋아하고 공부를 못하는 학생들은 10명이 운동화를 좋아하기 때문에 운동화와 공부가 상관관계가 있다고 말하는 것과 비슷할 수 들릴 수 있다. 하지만 의학적 연구에서는 통계적 유의성이라는 항목을 더 자세히 보기 때문에 이렇게까지 비약은 아니다.

또한, 평생 고혈압약을 먹고 평생 당뇨약을 먹는 것에 비해 치과에 방문해서 잇몸을 치료하고 유지, 관리를 위해 양치질을 열심히 해줌으로써 치주염을 완치하는 것은 시간과 비용이 크게 들지 않는 간편한 일이다. 심혈관 질환을 예방하고 그에 따르는 온갖 성인병을 극복하기 위해 하는 어떤 노력보다 상대적으로 훨씬 효과적인 방법이다.

보험사는 절대 말해주지 않는
치아보험의 비밀

요즘 치아보험이 많아졌다. 예전에는 종합편성 채널에서만 보던 광고를 요즘은 공중파에서도 심심치 않게 볼 수 있다. 회사도 많고 보험 종류도 다양하다. 치아보험에 가입했다는 환자도 상당히 많고 치아보험 관련 진단서 발급도 예전에 비해 많이 늘었다. 그만큼 치아보험이 대중화되었다는 이야기다. 나도 치과보험에서 재미(?)를 좀 봤다. 100만 원 정도 납입하고 830만 원 정도 보험금을 탔다. 700만 원 넘게 이득인 것이다. 그럼 치아보험을 들어야 할까, 말아야 할까?

미국의 오바마가 우리나라에 그토록 부러워했던 게 국민의료보험제도이다. 그래서 탄생한 게 오바마케어다. 비록 민주당이 대선에 패배하면서 오바마케어의 완성은 힘들 듯하지만 그만큼 우리나라 의료보험제도는 굉장히 잘되어 있다. 하지만 너무 잘되어 있기 때문에 상대적으로 비보험 진료에 대해서는 비싸다는 인식이 크다. 그도 그럴 것이 65세 이상 내과 기본 진찰료가 1,500원이다. 택시 기본요금보다 싸다.

그에 반해 비보험 치과 치료는 기본이 몇만 원이고 기공작업을 하는 치료라면 몇십만 원이 훌쩍 넘어간다. 그러다 보니 요즘 치아보험에 관한 관심이 높아졌다. 예전에는 일반 상해보험이나 암보험에 특약으로 치과보험이 들어 있는 경우가 많았는데 요즘은 타이틀 자체가 치아보험인 경우가 많다. 그래서 환자들이 정말 많이 물어본다, 치아보험 들어야 하느냐고.

먼저 치아보험의 성격을 정확히 알 필요가 있다. 치아보험은 치아가 안 좋을 때 드는 게 아니라 좋을 때 들었다가 안 좋아지면 혜택을 보는 거다. 가입 즉시 혜택을 보는 보험이 잘 없긴 하지만 치아보험의 경우 소액이든 고액이든 가입 후 2년 후라든가 하는 단서 조항이 꼭 붙는다.

2년 전쯤 일이다. 근처 시장에서 건어물을 파는 아주머니가 항상 혼자 오셔서 치료를 받으셨는데 어느 날은 초등학생 정도로 보이는 딸아이를 데리고 왔다. 딸이 밥 먹을 때마다 아래쪽 어금니가 아프다고 했다면서 일하느라 많이 신경 못 써줬다며 잘 좀 봐달라고 하신다. 아프다고 하는 부위도 체크하고 다른 부위도 같이 검사했는데 다행히 아픈 부위는 영구치는 아니고 유치였고, 충치가 심해서 신경치료 후 때우거나 씌우면 되는 상황이었다. 그리고 나머지 치아들은 작은 충치여서 보험되는 치료라고 말씀드렸다. 대략 비용이 십몇만 원 정도 되었던 걸로 기억한다.

그런데 아주머니가 3년 전부터 어린이 치아보험에 들었다며 그걸로 혜택을 볼 수 있을지 물어보시는 거다. 보험사마다 약관이 다르고 혜택이 다르므로 약관을 가져다 달라고 했다. 며칠 후 약관을 읽어본 나는 적잖이 당황했다. 그 아주머니의 딸아이가 특이한 치료를 받은 것도 아닌데 혜택을 받을 수 있는 게 하나도 없었다. 보험약관의 제목만 보면 다 보장이 될 듯이 쓰여 있다. 그런데 내용을 읽어 보면 단서들이 다 달려 있다. 예를 들어 크라운은 가능한데 영구치 골드 크라운만 가능하다든가, 레진은 가능한데 충치로 인한 레진이 아니라 치아가 금이 갔을 때만 가능하다든가 하는 것이었다. 저 어린 나이에 영구치를 씌울 정도로 썩기도 힘들거니와 그 정도로 썩었다고 하더라도 일단 다른 치료를 임시적으로 해놓고 치아가 맹출할 때까지 기다리기 때문에 현실과 너무 동떨어진 약관이었다.

치아보험 들기 전에 치과의사와 상담하라

한번은 50세 교도관이 환자로 오셨는데, 한쪽 어금니 상태가 너무 안 좋았다. 발치를 고려할 만한 상황이었지만, 일단 잇몸 치료 후 최대한 쓰는 데까지 써보자고 했다. 내 목적은 발치하지 않고 1년만 더 써도 성공이었는데, 환자는 그 말을 듣고 다음 날 바로 치아보험에 가입하셨다. 그런데 그 교도관이 가입한 치아보험은 가입 후 2년이 지나야 보장이 되는 거였다.

그래서였는지 환자는 한번 잇몸 치료를 받고 한동안 나타나지 않다가 어느 날 갑자기 오셨다. 처음에 안 좋았던 치아는 잇몸이 더 안 좋아져서 도저히 살릴 수가 없는 상황이었다. 문제는 그게 다가 아니었다. 그쪽으로 못 씹고 반대쪽으로만 씹다 보니 멀쩡했던 반대쪽 치아들도 안 좋아져서 오히려 전체적으로 치아가 흔들리고 통증이 발생했다. 그런 와중에도 참고 참다가 도저히 안 되어서 오신 거다.

결과적으로 2년이라는 기간을 못 채워서 혜택도 못 받았거니와 한 개의 치아만 치료했으면 되었는데 시간을 끄는 바람에 치료 범위가 몇 배나 늘어났다. 무엇보다 치료 기간이 이전에는 길어야 3개월이었는데 추가시술이 들어가면서 7개월로 늘어나 버렸다. 허허 웃으며 치료를 하긴 했지만, 처음에 내가 강력히 치료를 권했으면 어땠을까 생각했다.

사실 첫 번째 사례는 내가 2015년에 KBS 소비자 리포트에서 '치과보험의 허와 실 편'을 준비하면서 방송에 출연해서 언급했던 사례이다. 저 두 케이스뿐만 아니라 기가 막힌 보험사의 횡포도 많다. 치아보험으로 유명한 모회사의 경우 환자가 치아보험 혜택을 받기 위해서는 추가적으로 의사에게 직접적인 원인 소견을 묻는 질문지를 요청해야 하는데, 질문의 내용이 이렇다. '이 치아가 외부 충격으로 인해 금 갔을 확률을 몇 퍼센트로 보입니까?' 이건 너무도 뻔히 보험금 지급을 반려하기 위한 구실로밖에 안 보인다.

사실 이런 문제 때문에 나는 보험사 직원과 얼굴 붉히며 싸운 적도 있다. 물론 보험사 직원이 만든 약관도 아니고 제도도 아닌데 애꿎은 직원한테 화를 냈다고 뭐라 할 수도 있겠지만, 최소한 담당 설계사는 자기 분야에 대해 정확히 알아야 한다고 생각한다. 정말 고객에게 혜택이 있는 건지 아닌지도 모른다면 일종의 방조죄에 해당하지 않을까?

물론 치아보험에 가입한 사람들이 손실만 보는 건 아니다. 필자의 경우처럼 이득을 보는 경우도 있고 시기적절하게 가입해서 잘 이용하는 경우도 있다. 하지만 2015년 한국소비자원 조사결과 2012~2014년 치아보험 관련 소비자 상담은 1,782건 접수됐으며, 피해 신고건수는 매년 30~40% 증가하는 추세인 만큼 치아보험은 아직 어두운 면이 많다.

단적으로 예를 들자면 치아보험은 치과의사나 치과 관계자는 가입이 안 된다는 것이다. 이게 정확히 법적으로 가입이 안 되는 건지, 아니면 설계사가 꺼리는 건지는 모르겠으나 치과의사 사이에서도 굉장히 의아하게 생각하는 일이다. 그만큼 당당하지 못한

게 아닐까 하는 거다.

　그럼에도 보험이 주는 혜택도 분명히 있으니 치아보험의 가입 시기라던가 범위에 대해 알고 싶으면 가장 좋은 방법은 본인의 치아 상태를 가장 잘 알고 있는 치과의사에게 자문을 구하는 것이다. 지금으로서는 그게 가장 명확하고 신뢰할 수 있는 유일한 방법이다.

치과의사가 다른 치과에 갈 땐
어떻게 할까?

처음으로 치과에 갔을 때의 기억이 아직도 생생하다. 어릴 적 우리 집은 버스종점 근처의 작은 빌라였는데, 병·의원을 찾아가려면 버스를 타고 한참을 나가야 했다. 교사였던 어머니는 내가 초등학교에 들어가기 전부터 틀니를 쓸 정도로 치아가 안 좋은 편이었다.

어느 날 한번은 틀니가 갑자기 분질러져서 급하게 치과를 찾으셨고 치료는 무사히 마쳤지만 지갑을 깜빡 잊고 안 가져 오셨더랬다. 어찌해야 할지 몰라 당황한 어머니는 "다음에 또 오시면 그때 주세요."라고 말하는 치과 원장에게 감동받았고, 그때부터 우리 온 가족은 그 치과의 단골이 되었다. 우리 집에서 한참이나 가야 했던 그 치과는 엘리베이터가 없는 2층이었는데, 계단에는 촘촘히 치과 상호가 새겨져 있었고, 치과 상호에는 딱따구리가 칫솔을 들고 무섭게 웃고 있었다.

나는 어머니 손에 끌려 계단을 오를 때마다 한숨을 쉬었다. 2층에 힘겹게 다다라 겨우 치과 문을 열면 코끝에 찡하게 퍼져오는 치과 냄새에 한숨부터 나왔다. 그 음산한 냄새는 나를 더 공포로 몰아넣었다.

충치를 검사한 다음 충치치료를 위해 마취주사를 맞는다. 요즘에야 안 아픈 주사다, 바르는 마취제다 해서 겁많은 꼬마를 위한 좋은 게 많이 나와 있지만, 그땐 그런 게 없었다. 그냥 훅 들어온다. 마취는 또 어찌나 안 되는지, 아파서 울어도 반응이 시원찮다. 그 작은 꼬마가 그래도 살아보겠다고 손이라도 올리려 하면 옆에 있는 간호사 누나가 다른 누나를 급하게 부른다. 그리고 다리와 팔을 꽉 잡는다. 발버둥치고 난리를 피워봐도 초등학생이 20대 팔팔한 누나들을 이겨낼 리 없다. 그냥 내 몸은 내 몸이 아니다. 그때가 내가 10살 때였다.

성인이 된 지금도 나는 1년에 한 번 정도 치과에 간다. 치료받으러 가는 건 아니고 스케일링 받으러 간다. 물론 내 치과에서 치료를 받아도 된다. 실제로 예전에는 우리 직원들한테 치료를 받았었다. 그러다가 어느 날부터 다른 치과가 궁금해지기 시작했고, 한번 환자가 돼보고 싶었다. 절대 직원들을 못 믿어서가 아니고 다른 원장님들은 어떨까 궁금하기도 하고 이미 치료받은 치아 상태도 궁금하고 해서 직접 다른 치과에 방문했다.

그 순간만큼은 나도 환자가 된다. 진짜 환자 말이다. 그냥 아무 곳이나 가지는 않고 나름 서비스가 좋기로 유명하다거나 큰 규모의 치과에 간다. 물론 치과에 방문해서 "제가 사실은 치과의사인데요" 이런 말은 안 한다. 그렇게 환자가 되어 치과 대기실에 앉아 있으면 여전히 떨린다. 그 음산한 냄새, 귀를 자극하는 기계 돌아가는 소리 그리고 아픈 표정들. 나도 치과가 이렇게 무서운데 환자들은 어떨까 싶다.

환자에게 가장 필요한 건 뭘까?

나는 어렸을 적 부정교합이 심했다. 부정교합이란 치아가 고르게 나지 않는 걸 말하는데, 어금니도 안 좋았지만 특히 뻐드렁니가 심하게 덧니로 나서 학교에서 별명이 드라큘라였다. 왼쪽 송곳니가 심하게 덧니여서 웃거나 하품을 하고 입을 다물면 덧니 때문에 입이 잘 안 다물어지는 불편함이 계속되었다. 교정치료를 받으면 해결될 문제였지만, 어머니께서 감동 받은 그 치과 원장님은 불행히도 교정치료에는 문외한이었다. 더구나 당시에는 교정치료 비용이 상당히 고가여서 소위 요즘 말하는 금수저 아닌 이상에야 그냥 살던 때였다.

덧니를 빼고 당장의 불편감은 없어졌지만, 어금니 쪽의 부정교합이 해결이 안 돼서 중고등학교 때 치과에 참 뻔질나게 다녔다. 그 결과 고등학교 때는 어금니를 빼는 지경에 이르렀고 임플란트 치료까지 받았다. 그러다가 치과의사가 되었다.

어릴 때 받은 치료들은 대학에 가서 거의 다 교체 받았고 그 후로는 예방적 개념이 확실히 잡혔기 때문에 더 이상 치료받는 일이 없었다. 가끔 스케일링 정도만 받으러 치과에 가는데 정말 치과마다 각양각색 천차만별이다. 확실하지는 않지만, 뜯어서 안쪽을 봐야 한다는 곳도 있었고, 어떤 곳은 확실히 안이 안 좋으니 이건 뜯어야 한다고 했다. 하지만 반면에 아무렇지 않으니 양치질만 열심히 하라는 치과도 있었다. 셋 중에 누구 말이 맞는 걸까?

치료하자고 하는 치과는 무조건 그르고 치료하지 말자고 하는 치과는 무조건 옳을까? 대부분 사람이 이를 뽑자고 하는 치과의사는 나쁜 의사고 살려보자고 하는 의사는 좋은 의사라고 생각한다. 과연 그럴까?

나도 가끔 다른 치과에서 가망이 없다고 했던 치아를 살리는 경우가 있다. 다른 곳에서는 잇몸이 안 좋아서 임플란트가 불가능하다고 들었다는 환자를 너끈히 수술하는 경우가 있다. 그러면 그 환자는 나를 명의로 생각할 것 같지만, 절대 그렇지 않다. 이미 그 환자는 이전 치과 원장과의 관계에서 신뢰를 잃었기 때문에 비록 다른 원장에게 진료를 잘 받았다 하더라도 의사에 대한 신뢰가 잘 회복되지 않는다. 그렇기에 아무리 진료를 잘해도 그런 환자들과의 관계는 훨씬 더 어렵고 조심스럽다.

올바른 진료에 다가가기 위해서는 치료 그 자체보다는 고객과 치과의사와의 관계 위주로 접근하면 좀 더 가까워질 것 같다. 쉽게 이야기하면 치료보다는 인간관계가 중요하다는 것이다. 기술이 좋은 의사에게 치료를 받는 게 가장 올바른 진료는 아니라는 말이다. 조금 비슷한 예시를 들어보자면 가격이 동일하더라도 모든 사람이 강남의 유명 미용실에서 머리를 했다고 모두 다 만족하지는 않을 것이다.

그 이유는 잘 알듯이 사람마다 스타일이 다르기 때문이다. 그 스타일이라는 것은 그냥 무당처럼 한번 쓰윽 보고 알아맞히는 게 아니라 지속적인 관심과 관계 속에서 알게 되는 것이다. 둘의 차이점이 있다면 헤어스타일은 눈에 보이기 때문에 바로 결과를 알수가 있고, 치과 치료는 눈에 잘 보이지 않기 때문에 그 즉시 모를 뿐이다. 즉 가장 정답에 가까운 치료는 이미 고객 안에 있고, 좋은 관계는 원장이 그 정답을 쉽게 끄집어내게 거든다. 그렇기 때문에 치과의사 사용법을 알아야 하는 것이다.

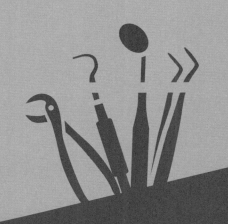

2장

무엇이 치과를 믿지
못하게 만들었나

'블로그에서 본 선생님'의 함정
병원끼리도 속고 속이는 허위, 과대광고

2016년 여름이었다. 주말에 한가로이 집에서 TV를 보고 있는데 채널을 돌리다가 문득 눈에 들어오는 방송이 있었다. 그냥 흔한 건강 프로그램이었는데 대략적인 구성은 이렇다. 여자 아나운서 한 명이 진행하고 치과의사 한 명이 패널로 참여해서 치과에 대한 시청자들의 궁금증을 해결해준다. 그리고 중간중간 해당 치과의사가 치료한 환자들 사례를 보여주면서 설명에 대한 이해도를 높인다.

예를 들어 당뇨가 심한 환자는 통상적인 방법으로는 위험할 수 있으므로 이런 치료법으로 안전하게 치료를 끝마칠 수 있었다는 식으로 진행하는 형식이었는데, 실제로 시청자들의 궁금증도 해결하지만 해당 치과의사의 인지도가 올라가기 때문에 홍보 효과 증대를 위해 촬영하기도 한다.

그런데 계속 보고 있자니 기분이 좀 이상하다. '뭐지? 뭐지?' 하는데 그 원장이 보여주는 환자들의 사진이 어째 눈에 익었다. 설마 설마 하면서 좀 더 자세히 봤다. 어이쿠, 깜짝 놀랐다. 일면식도 없는 원장이 내 환자들 사진을 가지고 있다. 그것도 환자 한 명이 아니라 두 명이나 된다. 머릿속이 복잡해졌다. 대체 저 사진들이 왜 저 원장한테 있는 거지? 머릿속이 하얘지는 와중에도 저 일면식 없는 원장의 거짓말은 계속된다.

"이 환자의 집이 평택입니다. 그러다 보니 한 번에 오시기가 힘들어서 한번 오실 때 많은 치료를 해드리고 싶었습니다."

무슨 소리를 하는 건지, 저 환자의 집은 인천이다. 그리고 한번에 치료 안 했다. 몇 번 나눠서 진행했다. 슬슬 짜증이 나기 시작했다. 머릿속에 '고소, 고발' 이런 단어들이 획획 지나갔다. 가출하려는 이성을 붙잡고 침착하게 생각했다. '그래, 일단 치과의사협회 사람들과 이야기를 해보자. 그리고 먼저 저 원장이 어떤 사람인지 알아보자.'

다음 날 그 원장에 대해 알아보고 다소 놀랐다. S대 치대 졸업, S대 치대 구강외과 전문의, S대 치대 박사 학위, 2016년 개원.

그리고 얼마 안 있어 나는 더 충격에 빠졌다. 다른 원장님들과 이야기하다 보니 제보가 빗발쳤다. 졸업하고 얼마 안 된 원장들이 이렇게 남의 사례를 가져다 쓰는 경우가 많다는 거다. 모 원장의 경우도 자기 환자 케이스를 어떤 원장이 훔쳐가서 고발했는데 사건 자체가 고발이 안 돼서 민사로 진행해야 하는데 재판까지 가는 과정이 너무 길고 복잡해서 중간에 그만두었다는 거다. 그러다 보니 이를 악용하는 원장들이 많더라는 거다.

참으로 개탄스러운 일이다. 방송이 주는 신뢰감은 대단하다. 최근에 장외주식 투자전문가가 사기꾼으로 밝혀지면서 피해자들의 인터뷰를 보았는데 피해자들이 속은 이유가 하나같이 비슷하다. '번듯하게 차려입고 TV에 나와서 설명해주고 그러는데 누가 안 속겠느냐'이다. 방송국에서 어느 정도 거르지 않았을까 하는 막연한 믿음이 있는 것이다. 그 때문에 어느 아주머니는 한평생 모은 돈 4억 원을 날렸다고 한다.

치과 후기에 속지 않으려면?

요즘은 네이버에서 규제를 많이 하기는 하지만 여전히 인터넷에는 거짓 후기들이 넘쳐난다. 딱 봐도 광고성 글인 경우도 많지만, 정말 잘 쓴 글은 진짜 같기도 한다. 이런 때 진위를 확인하는 방법은 간단하다. 그 후기를 올린 사람의 다른 글 제목을 한번 훑어보면 된다. 5분이 채 걸리지 않다. 동일한 블로그인데 오늘은 서울의 A치과에서 미백을 받았던 사람이 이틀 전에는 천안의 B치과에서 충치치료를 하고 일주일 전에는 부산의 C치과에서 임플란트를 했다면 그건 확실히 가짜다.

중고 자동차 사이트에서 가장 많이 사기 치는 방법도 종종 보인다. 요즘은 단속하지만 예전에 중고 자동차 사이트에서 가장 많이 사기 치는 방법이 낚시성 매물을 올려놓고 구매자가 막상 해당 차를 구입하러 가면 중고차 딜러는 세상에서 가장 안타까운 표정을 지으며 고객님이 오시기 5분 전에 차가 팔렸다며 대신에 가장 비슷한 차를 찾아주겠다며 유인한다. 몇몇 치과에서는 선착순 00명 무료 체험단 후기 이벤트를 하고 정작 치과에 방문하면 마찬가지로 세상에서 가장 안타까운 표정을 지으며 얼마 전에 이벤트가 마감됐다며 대신에 최대한 비용은 맞춰드리겠다며 유인한다.

물론 거짓 후기를 올리더라도 괜찮은 치과일 수 있다. 일단 후기는 거짓이더라도 후기에 나오는 치과 사진들은 팩트(fact)이고, 또 아무리 거짓 후기라도 그만큼 원장이 치과에 신경을 쓰고 있다면 병원 운영에 정성을 들이고 있다는 것이니 치료도 훌륭할 수 있다. 사실상 졸업하고 막 개원한 치과는 실제 치료 후기를 받기가 불가능하기 때문에 이런 방법을 애용하기도 한다.

다만 너무 인터넷상의 정보를 맹신하지 말고 어느 정도 참고만 해야 한다. 그래야 치과를 선택함에 있어 소위 '당하지는' 않을 것이다. 그러기 위해서 일단 알아야 하겠다.

자영업을 해본 사람이라면 알 것이다. 꼭 자영업을 안 해봤더라도 주말에 가족과 외식할 때나 간만에 친구들과의 모임 장소를 잡아본 경험이 있다면 알 것이다. 인터넷 마케팅의 실체를 말이다. 블로그를 보면 하나부터 열까지 칭찬 일색이고 모든 메뉴가 다 맛있어 보이지만, 정작 가보면 여기가 그 식당이 맞나 싶을 정도로 다른 모습이 많다. 사람은 많은데 종업원은 부족해서 너무 오래 기다려야 하고 그렇게 기다려서 음식이 나오면 사진으로 봤던 그 비쥬얼은 아니다. 의료계도 마찬가지다. 특히 비보험과의 치료는 치료 후기라는 제목의 낚시성 글로 인터넷에 도배되어 있다.

하지만 이런 사실을 아는 사람이 생각보다 많지 않아서 놀랐다. 특히 중년 아저씨들이 그렇다. 후기성 글들이 주로 어린 친구들이 작성하는 경우가 많고 그 특유의 상업성 글을 또래들이 보면 쉽게 간파가 되는데 중년 아저씨들은 안 되는 것이다. 물론 나도 그렇다.

몇 년 전에 가족과 동해안 여행을 계획했다. 원래는 제주도 한라산 등반을 하려고 했는데 아내가 임신하는 바람에 급하게 노선을 변경한 것이다. 이미 휴가 일정을 잡아놓은 터라 시간도 촉박했다. 아내에게, 또 태어날 첫째 아이에게 멋진 여행을 선사하기 위해서 나는 그날 여행 계획을 다시 세웠다. 소위 인터넷 폭풍 검색을 하며 노선을 다시 짰다. 일단 여행지를 어디로 정할지, 또 어떻게 갈지, 몇 박이나 묵을지, 식사는 어떻게 할지 등등.

여행 계획을 세우기 위해서는 목적지를 정했으면 교통편부터 정해야 한다. '차를 갖고 갈까? 길이 막힐 텐데 버스를 타고 가야 하나? 아니야, 짐도 많은데 어떻게 임산부한테 그걸 들게 해. 운전해서 가야지.' 이렇게 교통편을 정한다. 그리고 목적지 근방 숙소를 정하게 된다. 관광 위주냐 휴식 위주냐에 따라 숙소를 정하는 기준이 다르겠지만, 우리는 휴식 위주로 정했다. 그러다 보니 시설도 좀 보게 되고 방 상태가 어떤지도 보게 되고 또 인테리어도 보게 됐다. 사진 찍었을 때 예쁘게 나오는 것도 매우 중요하니까 말이다.

위에 열거한 모든 것을 한 번에 파악하기 쉬운 방법이 바로 후기성 글을 정독하는 것이다. 한가지 글이 아니라 여러 가지 글을 읽다 보면 어느 정도 감이 온다. 가는 길이 험하지는 않은지, 서비스는 친절한지, 방 상태는 깨끗한지, 근처에 간단한 물건을 살 수 있는 편의점이 있는지, 관광지와 거리는 가까운지 등등. 게다가 나와 비슷한 취향의 작성자를 만나기라도 하며 속으로 '맞아, 맞아' 하면서 후기성 글에 빠져들기도 한다.

그런데 이번 같은 경우 기간이 얼마 남지 않은 관계로 선택의 폭이 넓지 못했다. 우리는 동해안 속초로 목적지를 정했는데 그 근방에 방이 있는 펜션은 세 곳뿐이었고 그 세 곳 중 하나를 골라야 했다. 그리고 고민하고 말 것도 없었다. 세 곳 중 두 곳은 후기성 글이 거의 없었기 때문이다. 한 곳은 하나만 있었는데 악평이었고 나머지 한 곳은 아예 찾아볼 수가 없었다. 찜찜한 마음을 뒤로하고 그나마 후기성 글이 4개 정도 올라와 있는 한 곳을 찬찬히 탐구해보기 시작했다.

뭐 나쁘지 않았다. 사진도 예쁘게 잘 나왔고 룸 상태도 깨끗했다. 음식도 괜찮았단다. 가격이 사악하지만 사악한 가격만큼 괜찮더라는 게 총평이었다. '그래, 가격 때문에 이 성수기에 아직 방이 비어 있나 보다. 이왕 가는 여행 돈 좀 들이더라도 기분 좋게 가자.'라고 중얼거리며 카드번호를 입력하고 결재까지 마쳤다. 그리고 우리는 우리에게 닥칠 일은 까맣게 모른 채 일주일을 보냈다.

결론적으로 우리는 최악의 여행을 보냈다. 일단 가격이 달랐다. 원래 적정 가격은 소셜 커머스에 올라온 가격이었을 것이다. 그러나 보통 소셜 커머스에서는 할인전 가격을 공시한 다음에 그 가격에 몇 프로 파격 할인해서 올려놓는데, 나는 그 할인 전 뻥튀기된 가격으로 펜션 홈페이지에서 직접 결재한 것이다. 문제는 여행 당일 날 운전하는 차 안에서 아내가 검색하다가 그 사실을 알게 되었다는 것이다.

즉시 펜션에 전화해서 얘기했지만, 안 된다는 답변만 들었고 방 자체가 다르므로 걱정 안 해도 된다고 했지만, 가서 보니 똑같았다. 그때부터 아내의 잔소리는 시작되었고, 그것 때문이었을까? 다 마음에 안 들었다. 외관도 홈페이지 사진과 너무 달랐고 침구에서 냄새도 나는 것 같고 밥에서는 쉰내가 나는 것 같았다. 그리고 그 모든 구박은 나의 몫이었다.

얼마 전에 강남의 한 대형 치과가 갑자기 사라졌다. 폐업 전날 환자들에게 문자로 폐업 사실을 알리고 사라진 것이다. 치과의사 수만 8명에 직원들은 수십 명에 달하는 대형 치과였다. 그렇다 보니 피해 환자 수만 3,000명이 넘고 피해액만 10억이 넘는다는 소식이 뉴스 메인에 떴다. 진료 기록부가 사라져서 치료를 계속할 수도 없단다. 호기심이 생겨서 해당 치과를 검색해보았다. 유명 연예인들이 참 많이도 다녀갔다. 치료받은 환자들의 칭찬 일색이 인상적이었다. 그렇게 호평 일색이던 치과가 갑자기 사라졌다. 폐업 한 달 전부터는 카드 단말기가 고장 났다며 현금으로만 치료비를 받고 말이다. 피해 환자들은 해당 원장에 대한 고소를 준비 중이라고 한다.

너무나 많은 정보의 범람 속에서 바른길을 찾기가 더 어려워진 게 현실이다. 보건소는, 소비자보호원은, 법원은 절대 우리 소비자들을 보호해주지 않다. 사고가 터진 뒤에 소송한다 한들, 그 소송에서 승소한다 한들, 피해받은 시간과 무형의 피해는 보상받을 수가 없다. 필자의 사례처럼 펜션이라면 그냥 기억에서 잊어버리면 된다. 다시 안 가면 된다. 세상 살다 보면 한 번쯤 그럴 수도 있다 치면 된다.

하지만 의료는 다르다. 내 몸이기 때문이다. 절대 지울 수 없는 흔적이 평생 몸에 남는다. 따라서 잊히지가 않다. 그러면 어떻게 해야 할까? 그 답은 바로 우리 스스로 똑똑한 환자가 되는 것이다.

그러기 위해선 껍데기에 속아서는 안 된다. 본질을 꿰뚫어야 한다. 그 본질은 인터넷 광고에 있는 것도, 후기성 블러그에 있는 것도 아니다. 그 본질은 병원 자체에 있다. 의사의 눈빛에, 간호사들의 표정에 그리고 그 병원에 다니고 있는 환자들의 표정에 있다. 병원을 바라보는 시각과 본질을 보는 눈에 대해서는 이후에 다시 한 번 더 자세하게 서술하겠다.

"저는 하루에 5번씩 이 닦아요"
양치질이 최고의 예방이자
치료라는 환상

치과에 오시는 분들이니 치아 상태가 좋을 리 없겠다. 다들 치아가 안 좋아서 오는 건데 진료하다 보면 종종 이런 환자들 만나곤 한다.

"원장님, 저는 양치를 정말 열심히 하거든요 심지어 하루에 4번 이상 닦아요. 근데 왜 치아가 썩는지 모르겠어요."

실제로 그런 말씀을 하는 환자의 입안을 보면 우리가 흔히 치태라고 부르는 음식물 찌꺼기나 부유물도 안 보이고 니코틴도 거의 끼어 있지 않다. 오히려 치아를 굉장히 잘 닦아서 치아 표면이 반들반들하고 윤기까지 흐르곤 한다. 물론 입 냄새도 나지 않고 외모도 말끔하다. 그런 분 중에는 규칙적으로 운동하는 분들도 많아서 대체로 체격도 좋다. 그런데 검진을 해보면 충치는 꼭 발견되는 경우가 많다. 그것도 여러 개가. 어떻게 된 일일까?

충치는 왜 생기는 걸까? 너무 딱딱한 질문이지만, 분명히 짚고 넘어가야 해서 묻는다. 충치는 충치균 때문에 생기는 걸까? 맞다. 그럼 다르게 질문해보겠다. 충치균만 있으면 충치가 생길까? 정답은 '아니요'이다. 충치균과 또 하나 중요한 요소가 있어야 충치가 생긴다. 이건 사실 너무 중요한 건데 사람들이 잘 알지 못한다. 심지어 이것으로 인한 폐해가 알려진 지도 그렇게 오래되지 않아서 치과의사들도 이것에 대한 경고를 잘 하지 않는 경우가 허다하다.

성냥에 불이 붙기 위해서는 성냥도 있어야 하지만 산소도 필요하다. 둘 중 하나라도 없으면 절대 불은 붙지 않는다. 또 둘 다 줄어들면 불이 붙더라도 조금 꺼지고 만다. 충치도 마찬가지다. 충치균과 이것 둘 중 하나라도 없으면 충치는 발생하지 않는다. 또한, 둘 다 줄어들면 충치가 생기지 않다.

그럼 양치를 열심히 하면, 하루에 4번 이상씩 하면 충치균을 완전히 없애버릴 수 있을까? 절대 못 없앤다. 우리 몸에는 나쁜 세균도 있지만, 정상 세균도 많기 때문에 입안에 소독약을 들이붓지 않는 이상 충치균을 모두 다 없애버리지는 못한다. 즉 아무리 양치를 열심히 해도 입안에 어느 정도의 충치균은 항상 남아 있다. 그리고 어느 정도 남아 있는 충치균이 이것과 함께 충치를 만드는 것이다.

그럼 그토록 중요한 '이것'은 대체 뭘까? 이것은 바로 "치아에 작용하는 비정상적인 힘"이다.

우리 치아는 구조적으로 씹는 힘에 강하게 설계되어 있다. 하지만 옆에서 미는 힘이나 통상보다 강하게 씹는 힘에는 약하다. 옆에서 미는 힘이 지속적으로 작용하면 잇몸이 파괴되어 치아가 흔들릴 수 있고, 통상보다 강하게 씹는 힘은 치아를 깨거나 부러뜨릴 수 있다.

풍치 즉 잇몸병은 예전에는 세균 때문에 발생하고 세균이 먼저 원인이라는 것이 정설이었으나 최근에 밝혀진 바로는 치아에 작용하는 비정상적인 힘이 첫 번째 원인인 걸로 드러났다. 그만큼 이 비정상적인 힘은 치아에 좋지 않다. 그러면 대체 이 비정상적인 힘이라는 게 무엇이고 왜 생기는 걸까?

이런 안 좋은 비정상적인 힘이 생기는 이유는 크게 구강 악습관과 안 좋은 식습관 때문이다. 이 두 가지 때문에 치아에 비정상적 힘이 작용하지만, 동시에 치아를 씹게 해주는 근육 역시 비대해지면서 더욱 악화된다. 오랜 시간 동안 비대해진 근육을 가졌다면 구강 악습관과 안 좋은 식습관을 개선한다고 해도 근육 자체가 이미 비대해져 있기 때문에 힘을 적게 주기가 어렵다. 마치 10키로그램의 아령으로 운동을 열심히 하던 사람이 3키로그램의 아령을 들면 전혀 운동하는 느낌이 안 드는 것과 같은 이치다.

치아 관리는 자동차 정비처럼

환자 중에 짧은 스포츠머리에 눈 밑 다크서클이 유난히 진했던 50대 아저씨 한 분이 있었다. 그분 역시 양치질을 엄청 잘하고 본인 스스로 치아가 튼튼하다고 자부했는데, 치아가 하나둘 깨지더니 어느 순간 치아들이 와르르 깨져서 치료를 받으러 오셨다. 역시나 턱 근육이 비대했고, 많은 수의 치아를 크라운이라는 보철 치료로 씌워놨는데 악습관 개선으로는 한계가 있어서 턱근육에 보톡스 주사를 10개월 동안 2회에 걸쳐 맞았단다. 그 결과 5년이 지난 지금까지도 치료받은 부위는 물론이고 다른 부위 역시 파절이나 큰 충치는 생기지 않고 있다.

대표적인 구강 악습관은 이 악물기이며, 안 좋은 식습관은 껌과 고기류이다. 이 악물기는 격한 운동을 하거나 스트레스를 많이 받는 사람들에게 많이 보이는데, 밤낮 가리지 않고 발생하는 습관이지만 낮 동안에 본인이 의식하고 조심하면 밤에 발생하는 습관도 줄일 수가 있다. 안 좋은 식습관 역시 마찬가지이다.

사실 근육이 이미 비대해져서 외력이 커진 경우라면 치과의 도움을 받아서 장치 치료를 하거나 보톡스 치료를 해야 하지만, 그렇지 않으면 이 두 가지를 유념하는 게 상당히 큰 도움이 된다. 다른 신체 조직들은 많이 쓰면 단련되고 강화가 되는 조직들이 많지만, 치아는 단련되지 않는 일종의 소모성 기관이다. 뼈도 부러지면 깁스를 하고 기다리면 붙는데 치아는 한번 깨지면 절대 다시 붙지 않는다. 오히려 바위에 금 간 듯이 깨진 틈이 점점 벌어지면서 악화될 뿐이다. 그래서 치아를 자동차와 비슷하다고 표현하는 거다. 수시로 정비해줘야 하고, 좋은 카센터를 알아야 하고, 차 주인이 차에 대해서 애정을 가지고 살펴봐야 한다.

"선생님이 알아서 해주세요"
치과의사는 독심술사가 아니다

월요일 아침이었다. 30대 중반으로 보이는 남자 한 분이 한쪽 볼이 띵띵 부은 채로 반쯤 울상이 되어 오셨다. 환자 이야기에 따르면 금요일 저녁부터 아프기 시작했는데 주말에 문 여는 치과가 없다 보니 집에 있는 진통제만 먹으며 버텼다고 한다. 그런데 약 먹으면 괜찮아지는데 약기운이 빠지면 다시 아프기를 반복하다가 급기야 어제저녁에는 한숨도 못 잤다고 한다.

불편한 부위를 체크한 뒤 구강 전체를 볼 수 있는 파노라마 엑스레이를 촬영했다. 불편한 부위는 치아가 과부하가 걸려서 뿌리 끝에 염증이 크게 잡혀 있었다. 그 염증이 주변 잇몸과 뺨으로 퍼지다 보니 볼살이 붓고, 볼살이 부으면서 주변 신경과 혈관에 압박을 가하니 극심한 통증이 발생했다. 문제는 반대편 치아 하나가 뿌리밖에 안 남은 상황에서 그 뒤 치아가 기울어 있다 보니 이쪽으로도 씹을 수가 없다는 것이었다. 불편한 부위를 치료해도 반대쪽으로도 씹을 수가 없으니 반대쪽 부위의 치료 없이는 불편한 부위의 완치가 불가능한 상황이었다.

"이번이 처음 아픈 게 아닌 것 같은데 그 전에 아플 때는 왜 못 오셨어요.?"

"제가 의류도매업을 하는데, 요즘이 일 년 중에 가장 바쁠 때거든요. 아침 6시부터 저녁 9시까지 계속 돌아다녀야 해서 도저히 시간이 안 났어요. 그런데 이제는 너무 아파서 왔어요. 약을 먹어도 계속 아파요. 제발 안 아프게 좀 해주세요."

이렇게 통증이 심한 사람들은 다른 부분들은 생각지도 못하고 그저 통증이 사라지기만을 바란다. 그러나 치과 치료가 다른 내과 치료와 다른 점은 통증 조절만 있는 게 아니라 다른 부가적인 내용이 있다는 것이다. 즉 안 아프게만 하면 최고가 아니라 잘 씹히기도 해야 하고 모양도 좋아야 하고 또 수명도 길게 관리해줘야 한다.

"네. 우선 이쪽이 너무 아프니까 염증 좀 빼내고 약 드시면 아픈 건 많이 좋아질 거예요. 그런데 계속 이쪽 치아로는 씹을 수 없으니 반대쪽으로 씹을 수 있게 해줘야 지금 불편한 치아가 완치될 거예요. 그런데 반대쪽을 치료하는 방법이 시간은 좀 걸리지만 제대로 하는 방법이 있고, 금방 끝나지만 옆 치아를 손대야 하는 방법 두 가지가 크게 있어요. 자세히 설명해드릴게요."

두 치료의 장단점에 대해 자세해 설명해드렸지만, 환자는 딱히 관심이 없어 보였다. 일단 당장의 불편감 때문에 다른 문제는 크게 생각하지 않는 듯했다.

"아, 알았어요. 설명은 잘 들었는데 그냥 알아서 잘해주세요. 저 김기백 씨 소개로 왔어요. 그 양반이 원장님 아주 칭찬하더라고요. 그냥 원장님이 생각했을 때 제일 좋은 걸로 해주세요."

물론 환자가 이렇게 신뢰를 보내주는 것은 심히 고마운 일이다. 하지만 그 이면에는 환자가 복잡하게 고민하고 싶어 하지 않는 마음이 있고, 그 이유가 지금 겪고 있는 통증 때문인 것을 나는 잘 알고 있다. 당연히 의사는 치료에 관한 책임을 갖고 최선을 다해야 한다. 그러나 치료에 대한 결정권은 환자에게 있다.

얼핏 생각하면 시간이 걸리더라도 다른 치아를 손대지 않는 게 좋아 보인다. 특히 치료를 한 번도 받지 않았을 경우에는 더 그렇다. 그렇지만 역설적으로 그 방법이 정말 그렇게 좋은 방법이라면 내가 선택권 운운하며 이야기를 했을까? 상황에 따라 좋은 방법이 될 수도 있고 아닐 수도 있다. 그리고 아주 아주 약간 좋은 방법이 되기도 한다.

"지금 오른쪽 아랫니가 너무 아파서 일단 안 아프게만 하고 싶어 하는 거 알아요. 그런데 치료 결정은 신중히 해야 해요. 빨리 치료를 끝내고 싶은지, 아니면 시간이 좀 걸리더라도 좀 작게 치료하고 싶은지 결정해야 해요. 물론 이상적으로는 다른 치아를 안 건드리고 치료하는 게 좋겠지만, 지금 환자 상황은 빨리 반대쪽으로 씹을 수 있게 해줘야 이쪽 치아들도 살릴 수가 있어요. 원칙적으로 치료한다면 시간은 시간대로 잡아먹으면서 치료가 오래 걸릴 수 있고, 환자분이 힘든 것은 둘째 치고 다른 멀쩡한 치아까지 망가질 수 있어요."

통상적으로 첫 번째 치료 방법을 많이 권하고 실제로 많이 한 지만, 이 환자처럼 특별한 경우에는 두 번째 치료 방법을 하기도 한다. 다만 충분한 설명과 동의 없이 진행되는 경우 나중에 치료가 끝날 때쯤 환자의 불만과 의심을 사기 마련이다. 그리고 이런 경우라 하더라도 두 번째 방법이 절대적으로 옳은 방법은 아니고 만약 점수를 매긴다면 첫 번째가 60점, 두 번째가 70점 정도라고 보면 된다.

이 말은 두 번째가 첫 번째보다 여러 정황을 고려했을 때 더 좋다는 것이지 첫 번째가 최악이라는 것은 아니다. 그러므로 충분한 고민이 있어야 자기 선택에 대한 확신이 생기고 그게 치료에 도움이 된다.

사실 치과적 지식이 없는 상태에서, 혹은 지식이 많은 상태라고 하더라도 치과의사가 두 가지 방향을 제시하며 둘 중 하나를 선택하라고 하면 선택하기가 참 어렵다. 일단 치과 자체가 불편하기도 하고, 또 긴장한 상태에서 잘못된 선택을 할까 봐 두려운 것도 있고, 말로만 들어서는 도저히 감이 안 오고 그 상황이 되어봐야 알 수 있을 것 같기 때문이다.

하지만 그렇다고 절대로 그 선택권을 의사에게 넘기는 이른바 '알아서 잘해주세요'는 바람직하지 않다. 차라리 '원장님 친동생이라고 하면 어떤 치료를 추천하시겠어요?'라든가, '며칠간 시간의 말미를 주면 결정을 하겠다'고 이야기하는 게 훨씬 나은 대안이 되겠다.

그리고 이야기했듯이 어느 한쪽이 정답이고 다른 한쪽은 오답인 경우는 없다. 조금 나은 정도이다. 그러므로 결정했다면 그 치료에 대한 확신을 가지고 의사를 믿고 신뢰하면 좋은 치료를 같이 만들어나갈 수가 있게 된다.

예전에 아버지가 협심증으로 나흘간 입원한 적이 있다. 협심증이란 우리 몸의 심장에 피와 산소를 공급해주는 혈관인 관상동맥의 안쪽 내피상포에 어떤 문제가 생겨서 관상동맥이 협착 즉 혈관이 좁아지게 되고 그 때문에 심장의 일부 또는 전체에 혈류 공급이 감소하면서 산소 및 영양 공급이 급격하게 줄어들어 이차적으로 심장 근육에 문제가 생기는 상황을 말한다.

간단하게 말해 심장 쪽 질환으로 가슴 통증을 느끼는 질병인데, 그대로 두면 심근경색이 발생할 수 있고 심근경색은 더 나아가 심정지, 즉 사망에 이르게 할 수 있기 때문에 다소 위험한 질환이다. 증상이 심근경색과 비슷해서 그때 당시 응급실에 입원하면서 각종 서적과 인터넷을 통해서 협심증과 심근경색에 대해 며칠 동안 공부했던 기억이 아직도 생생하다.

저널까지 읽지는 않았지만, 어지간한 글들을 다 독파했었는데, 그 기억 때문인지 비슷한 전신 질환을 가진 분들이 환자로 오면 아버지 생각을 하면서 진료하곤 한다. 이처럼 본인이든 가족이든 질병을 앓게 되면 자연스럽게 그 질병에 대해 알아가게 된다. 그래서 우스갯소리로 암에 걸리면 암 박사가 된다는 말도 있다. 그런데 사람들은 유독 치과 질환에 대해서는 마치 남의 일처럼 관대한 것 같다. 생사가 달린 문제가 아니라서 그런 것도 있겠지만, 다소 복잡하고 어려워서 그런 게 아닐까 싶다.

무슨 치료를 받았는지 기억조차 못하는 환자

한번은 이런 환자가 오셨다. 50대 아주머니셨는데 치아가 깨졌다고 오셨다. 치아를 봤더니 치아가 깨진 건 아니고 그 전에 치료받은 치과 재료가 깨진 상태였다. 치아를 건드릴 필요 없이 깨진 부위만 치료하면 된다고 말씀드리니 환자가 깜짝 놀란다.

"뭐라구요? 치료받은 치아라구요? 이상하다. 그 치아는 치료받은 적이 없는데. 치과에 간 적은 있지만, 치료를 받은 기억은 없고 간단히 스케일링만 한 것 같아요. 저 치료받은 적 없어요."

아주 완강히 부인한다. 치아를 뽑아서 보여줄 수는 없는 노릇이니 사진을 찍어서 수배 정도 확대해 보여드리며 설명했다. 그제야 음식물이 끼어서 치료받았다며 기억이 난다고 한다. 사실 치아가 깨졌든 치료한 재료가 깨졌든 어차피 치료해야 함에는 이변이 없으니 큰 상관은 없지만 이전 재료가 못 버텼으니 더 강한 재료를 써야 하기 때문에 그 설명하기 위해서는 꽤 중요한 정보였다.

이 경우는 그래도 괜찮다. 문제가 되는 경우는 치료할 게 한두 개가 아니라 여러 개인 상황에서 치과 두 곳 이상을 비교할 때이다. 예를 들어 ㄱ치과와 ㅎ치과가 있다고 생각해보자. ㄱ치과에서는 치료 금액이 120만 원이 나왔고, ㅎ치과에서는 치료 금액이 90만 원이 나올 수 있다. 그럼 ㄱ치과와 ㅎ치과 중에 어느 치과가 치료비가 더 비싸게 느껴지는가? 당연히 ㄱ치과가 더 비싸다. 그럼 처음의 예를 조금 수정해보겠다. ㄱ치과에서는 A, B, C치료를 하기로 했고, ㅎ치과에서는 치료를 A, C치료만 하기로 했다. 그리고 B치료에 대한 비용은 30만 원 정도 한다. 치료에 대한 시행 여부는 치과마다 생각이 다를 수 있으니 충분히 가능한 설명이다. 자, 그럼 어느 치과가 비싸 보이는가?

비슷하다. 아니 똑같다고 볼 수 있다. 그럼 저 두 치과의 구분은 어떻게 해야 할까? 한 곳은 B치료를 하고, 다른 한 곳은 B치료를 하지 않는다. 그러면 B치료에 대해서 환자가 알아야 하지 않을까? 단순히 가격만 보고 치과를 비교하면 안 된다는 이야기다. 그나마 상세치료 내용을 아는 상태에서 가격 비교를 하는 분들은 좀 낫지만, 무슨 치료를 하는지 아예 모르는 상태에서 총 치료 금액으로만 비교하는 것은 굉장히 위험한 생각이다. 물론 가격도 비교해봐야 하지만 본인이 무슨 치료를 받아야 하는지, 그리고 그 치료는 무슨 치료인지 반드시 알아야 한다.

치과 치료는 그 흔적이 영원히 우리 몸에 남는다. 치과 치료는 그 병이 존재했던 부위를 치과 재료로 대체하는 치료이다. 충치가 있던 부위를 제거하고 레진이나 금으로 채운다. 깨져서 금이 간 치아는 금 간 부위를 다듬어서 그 부위를 금이나 지르코니아로 씌운다. 치아가 빠진 자리는 틀니나 임플란트 등으로 대체된다. 치과 치료는 어떻게 보면 대체 치료의 연속이라고 볼 수 있다.

그러면 원래의 자기 치아보다 대체된 치과 재료가 더 좋을까? 절대 그럴 리 없다. 그래서 그만큼 더 손이 많이 가고 신경을 써줘야 하는 거다. 아무리 정밀하게 본을 떠서 접착한다고 하더라도 눈에는 그 틈이 보이지 않지만, 세균 단위로 들어가면 틈이 생기기 마련이다. 그 틈은 세균의 번식지가 될 수 있으므로 관리를 잘 해주어야 한다. 그런데 그게 치료의 정도에 따라 다를 수 있으니 유난히 신경 써야 하는 부위가 있다. 그걸 알아야 한다. 그러려면 본인이 무슨 치료를 받았는지 알아야 하지 않을까?

그러나 너무 광범위해 보여서 선뜻 공부하기가 쉽지 않다. 그래서 큰 그림만 그려보겠다. 복잡하게 생각할 필요 없고, 단순히 치아를 빼야 하는 그림을 먼저 그려보고 그 그림을 역으로 그려보면 대충 감이 잡힌다. 기본적으로 치아는 숲과 나무이다. 나무 하나, 즉 치아 하나가 망가지면 서서히 숲이 망가진다는 개념이다. 여기서 나무 하나, 즉 치아 하나가 망가지는 이유는 크게 네 가지로 나눌 수 있다.

충치 및 치아 파절, 잇몸질환, 구강 악습관, 마지막으로 교합이다. 모든 치과에 관련한 질환은 이 네 가지 안에서 일어난다. 미백이라든지 심미 보철이나 심미 교정, 양악수술은 질환은 아니므로 논외로 하겠다. 일단 이 네 가지만 알아도 절반은 아는 거다.

처음 세 가지는 모든 치과의사가 크게 차이점이 없다. 하지만 네 번째 교합에 관해서는 치과의사마다 주장하는 바가 다르다. 서로 자기가 옳다고 하는 상황이다. 즉 정립이 아직 확실히 안 된 상태이다. 그래도 이 개념부터 잡고 하위개념은 본인이 치료를 받을 때 치료받는 내용만 하나씩 알아가도 충분하다. 그리고 이렇게 알기 쉽게 치과 치료에 관해 정리해놓은 글이 있으니 참고하면 될 것이다.

기본적인 개념부터 정립된 상태에서 그때그때 궁금한 것은 인터넷 검색을 해봐도 무방하지만 사실 가장 좋은 것은 담당하는 치과 원장님께 물어보는 게 가장 정확하다. 환자의 상태에 대해서 가장 잘 아는 사람은 담당하는 치과의사이기 때문이다.

"그 선생님은 무조건 이부터 빼래요"
자연치아 보존이 능사일까?

2016년 7월부터 만 65세 이상 임플란트가 보험이 되었다. 물론 그전에도 임플란트 사보험이 있었지만, 국민건강보험에서 임플란트가 보험이 된다는 건 가히 고무적인 일이다. 그만큼 임플란트가 대중화되었다는 반증이면서, 한편으로는 과잉진료가 걱정인 분들도 많을 듯하다. 살릴 수 있는 치아인데 뽑고 임플란트를 하는 건 아닌지 걱정이 되는 게 사실이다.

누구나 치아를 뽑는 건 싫어할 것이다. 그도 그럴 것이 아무리 치과 치료가 좋아졌고 임플란트가 대단하다고 해도 자기 치아만큼은 아니기 때문이다. 그러므로 살려서 쓸 수만 있다면 살리고 싶은 게 일반적인 생각이고 요구일 것이다. 그런데 문제는 그것을 역이용하는 경우도 있다는 것이다. 치아를 뽑기 싫은 마음을 역이용해서 오히려 다른 치아를 망치는 경우가 있기 때문이다.

현명하게 진료를 선택하는 방법

43세 김복길 씨가 그랬다. 김복길 씨가 처음 오셨을 때 메모란에 적혀 있던 게 생각이 난다. 우리 병원은 진단하기 전에 인적사항과 설문지를 작성하게 하고 특별히 우리 치과에 바라는 점을 묻고 메모에 적게 한다. 그리고 나는 진료 전에 항상 그 메모를 먼저 본다. 그 메모란에는 이렇게 적혀 있었다.

'최대한 치아를 살리기 원하심.'

당연히 고개를 끄덕였다. 나는 이렇게 자기가 원하는 바를 구체적으로 이야기해주는 분들이 편하게 느껴진다. 자기가 원하는 바를 구체적으로 표현해주기 때문이다. 그렇지만 이렇게 자기 치아를 아낀다고 생각하는 분들이 그 방법에 있어서 잘못된 경우를 종종 봐왔기 때문에 한편으로는 걱정되기도 했다. 이분 역시 약간 걱정되는 마음으로 진료를 시작하게 되었다.

"안녕하세요. 보니까 오른쪽 어금니들이 불편해서 오셨네요. 맞나요?"

"네, 몇 년 전에 이를 했는데 좀 안 좋아서요. 스케일링도 할 겸 검사도 받을 겸해서 왔어요."

보통 이런 환자들 특징이 증상을 조금 줄여서 이야기하는 경우가 많다. 증상을 있는 그대로 다 이야기하면 행여나 치과의사가 뽑자는 말부터 할까 걱정되는 노파심 때문이기도 하고, 또 자기 몸은 자기가 지킨다는 생각이 강한 편이라 약간 아픈 건 그냥 참고 견디는 성향이 강하다. 그렇게 버티다 보면 경우에 따라 통증이 줄어들기도 하기 때문에 괜찮아졌다고 단정 짓는 경우가 많다.

전신 질환과 복용하는 약물에 대해 묻고 최근에 받은 치과 치료를 파악하는 질문을 한 뒤 치아를 직접 관찰하는 진단을 시작한다. 일단 충치 체크를 하고 잇몸을 확인한다. 그러면서 치아가 흔들리는 정도를 같이 확인한다. 김복길 씨는 치아가 여러 개 씌워져 있는 상태인데 씌운 치아 주변으로 잇몸이 좀 부어 있다. 치아를 잡고 흔들어보니 꽤 흔들린다. 안쪽 뼈 상태를 보기 위해 엑스레이 사진을 찍었다.

어느 정도 뼈 상태가 예측되지만, 엑스레이를 찍어서 확진한다. 예상대로 뼈 상태는 좋지 않았다. 문제는 치아를 너무 많이 묶어놓았고 이렇게 다른 멀쩡한 치아와 묶어놓게 되면 당장은 흔들리는 치아를 살려놓을 순 있겠지만, 안 좋은 치아 때문에 다른 멀쩡한 치아까지 망가지는 상황이 발생한다는 것이다. 치아 두 개가 상태가 많이 안 좋았다. 그 앞뒤로 치아를 묶어놓았는데, 그 치아들이 가운데 치아의 영향을 받아서 안 좋아진 것이다. 이런 방식은 다른 치과에서는 빼야 한다고 한 치아를 쓸 수 있다고 하니 그 방법이 어떤 방법이던 환자가 동의할 줄 알고 진행하는 치료이다. 마치 살려만 준다면 뭐든지 다 하겠다는 마음을 역이용한 것이다.

환자와 이런저런 이야기를 하며 최대한 치아를 살리는 방향으로 하되, 포기해야 할 치아 때문에 다른 치아들이 망가지는 상황에 대해서 설명하고 가장 시급한 치료를 진행하면서 나머지 치료들은 정기적인 체크를 통해서 진행 여부를 결정하기로 했다.

처음에 김복길 씨는 치아 두 개를 빼기 싫어서 그 두 개를 살리는 치료를 무리하게 시행했고 결과적으로 몇 년이 지난 뒤에는 6개의 치아가 망가지는 상황이 벌어졌다. 처음에 안 좋았던 치아 두 개의 주변 잇몸이 처음보다 더 악화된 것은 말할 필요도 없다. 또한, 해당 부위의 식사가 편하지 않다 보니 반대쪽으로만 식사하게 되었고 그 결과 반대쪽 치아도 슬슬 안 좋아지고 있었다. 마치 전쟁영화에서 주인공이 자기 애인을 살리기 위해 아군 몇십 명을 희생시키는 장면을 보는 듯했다.

자연치아를 살린다는 것은 참 달콤한 말이다. 나 역시도 일단 치아를 살려보겠다는 말이 더 설득력 있어 보이고 더 책임감 있는 의사처럼 보이는 건 사실이다. 그리고 그게 치과의사가 갖추어야 할 기본자세라는 생각에는 이의가 없다. 하지만 자연치아를 살린다는 명분 아래 결과적으로 다른 치아들이 어이없이 죽을 수가 있다. 그 치아를 대신할 다른 치료를 하기에 까다롭게 만들거나, 경우에 따라서는 아예 치료할 수 없게 만들기도 한다. 치의학은 통계로 이야기해야 하는 과학이다. 기적적인 치료를 바라는 순간 위험한 길로 들어설 수 있다.

올바른 치과의사는 절대 쉽게 당신의 치아에 사형선고를 내리지 않다. 충분히 고민하고 꺼낸 이야기일 것이며 그 결정으로 당신의 다른 치아들이 더 건강하게 오래갈 수 있을 것이다. 여러 군데 치과에 가보는 것에는 일부 동의하지만, 대부분의 치과에서 빼라고 하는 치아를 살려준다는 치과를 선택하는 것은 굉장히 위험할 수 있다.

"치과는 한 번 가면 한 달은 기본?"
치과에 관한 잘못된 고정관념들

의과대학과 마찬가지로 치과대학을 졸업하고 나면 공중보건의 생활을 3년간 함으로써 군 복무를 대체하게 된다. 나 역시 공중 보건의사로 지방에서 근무하게 되었는데, 근무하던 지역의 초등학교에는 학교 안에 조그맣게 치과가 마련되어 있었고 나는 혼자서 300여 명의 초등학생의 치아를 관리하며 예방사업과 동시에 학생들의 충치 치료도 진행했다. 그만큼 그때까지만 하더라도 치과가 많지 않았다.

하지만 요즘은 사정이 많이 달라졌다. 시골에도 치과가 없는 곳이 없을뿐더러 도시 같은 경우 치과가 없는 건물을 찾기가 힘들 정도로 치과가 많아졌다. 감기만큼은 아니지만, 충치나 잇몸질환은 꽤 흔한 질병이라 사람들도 치과를 자주 찾게 되었다.

어릴 적에는 꼭 충치 치료가 목적이 아니더라도 유치를 빼기 위해 치과에 가게 된다. 물론 예전에는 종종 집에서 부모가 유치를 빼주곤 했지만, 요즘 아이들은 턱이 우리 때와 달리 작은 편이라서 영구치가 나와도 유치 뿌리가 흡수되지 않는 경우가 많아 집에서 빼기가 어려워졌다. 그러다 보니 유치를 빼는 데 실패할 수도 있거니와 자칫 아프기라도 하면 "아빠 미워!"라는 소리를 듣기 십상이므로 엄마들이 데리고 오는 경우가 많다. 그만큼 치과가 많아지고 대중화되었지만, 여전히 치과는 어딘가 좀 불편하다.

이렇게 치과가 불편한 이유는 주로 치과 치료는 무조건 아프다던가, 치과 치료는 무조건 오래 걸린다거나, 치과 치료비는 비싸다는 인식 때문이다. 그렇다 보니 감기가 심하면 자연스레 내과에 가서 약을 처방받지만, 충치는 심하더라도 일단 참고 지내보려 하는 환자들이 있다.

치료를 방해하는 치과에 대한 오해

한번은 30대 젊은 남자 환자분이셨는데 얼굴이 워낙 잘생긴데다가 키까지 모델 뺨칠 정도라서 들어올 때부터 직원들이 웅성댔다. 옷도 매끈하게 잘 입었는데다 매너도 좋아서 그저 스케일링을 받으러 왔겠거니 생각했는데 차트에 써진 메모지를 보니 '발치 및 임플란트 상담'이라고 적혀 있어서 다소 의아해했다. 간단히 검사하고 이런저런 이야기를 나눈 뒤 구강 전체가 나오는 엑스레이를 찍게 되었다. 그 결과는 다소 충격이었다. 아래턱에서 치아 3개에서 4개 정도만 상태가 괜찮고 나머지 치아들은 뼈가 너무 녹아 심하게 흔들리는 상태였다. 나는 조심스럽게 환자에게 물었다.

"아시겠지만, 전반적으로 치아 상태가 좋지 않아요. 이런 증상들이 예전부터 있었을 것 같은데 차트를 보니 마지막으로 치과에 오신 게 10년 전이네요?"

머쓱해하면서 환자가 대답한다.

"사실은 좀 말하기 창피한데요, 제가 예전에 잇몸이 안 좋아서 치과에서 스케일링을 받았는데 그때 너무 아파서 그 후로 치과 치료가 정말 너무 겁나더라고요."

사실 전혀 창피할 일은 아니다. 불편한 부분이 있으면 그걸 구체적으로 이야기해주는 게 현명하다. 비슷한 치과 트라우마가 있는 여자분들도 별반 다르지 않다. 남자들도 이런 치과 트라우마가 있는데 여자들은 오죽하겠으랴. 차이점이 있다면 남자들은 참고 참다가 도저히 씹을 수 있는 부위가 남지 않아야 모든 걸 포기한 표정으로 치과를 찾지만, 여자들은 저작의 유무보다는 앞니처럼 웃을 때 보이는 부위에 충치가 심하게 생기거나 외관상 문제가 생기는 경우, 즉 심미적으로 큰 문제가 생긴 경우 용기를 내어 치과에 방문한다는 것이다.

관점의 차이인데, 공통적으로 비슷한 점은 이렇게 치과 트라우마가 생기는 이유가 실제로 고난도의 치료를 받아서 생긴 게 아니라 정말 간단한 스케일링이나 충치치료를 받고 생기는 경우가 많더라는 것이다. 그래서 치과 치료는 무조건 아프다는 인식이 생긴 것이다.

치과의사로서 이에 대해 핑계를 대자면 일단 내과적 질환과 치과적 질환은 그 기전이 달라서 치료 방향이 매우 다르다. 내과적 질환은 약물치료가 많지만, 치과적 질환은 약물로만 해결되는 경우는 거의 없고 손을 대야 끝나는 경우가 대부분이다. 이게 비유가 될는지 모르겠지만 배가 아파서 내과에 가면 약을 주지만, 배가 아파서 치과에 가면 일단 배를 쨈 다음에 이런저런 치료를 하고 약을 주는 차이라고 보면 된다. 이러니 어찌 안 아플 수가 있을까?

그리고 통증에 관해서도 치아 쪽에 있는 신경과 다른 장기에 분포되어 있는 신경의 특성은 전혀 다르다. 장기 쪽에 있는 신경은 둔한 통증에 반응하는 한편, 치아 쪽 신경은 날카로운 통증에 반응하다 보니 치통이 심한 경우 밤새 잠을 못 자는 경우가 허다하다.

하지만 이젠 이런 통증도 점점 옛말이 되어가고 있다. 치과 치료에 관한 연구와 개발이 거듭되면서 요즘은 마취액의 비약적인 발전으로 마취해도 마취가 안 되는 부작용이 현저히 줄었다. 또 바르는 마취제부터 마취액의 주입을 서서히 줄임으로 통증을 최소화하는 무통 마취계, 한숨 자고 일어나면 모든 치과 치료가 끝나 있는 수면마취 치료까지 보편화되어서 정말 마음만 먹으면 하나도 안 아프게 치료도 가능한 시대이다.

통증뿐만 아니라 3D 스캐너와 CAD, CAM을 활용해 전체 치과 치료 횟수를 줄이는 방법으로 보다 근본적으로 치과 치료에 대한 불안감을 줄이는 원데이 치료도 많이 보편화되어 불과 10년 전과는 완전히 다른 양상이 되었다.

치과 치료비가 비싸다는 것도 관점의 차이이다. 우리가 약을 먹고 병이 낫는 것과 치아를 치료하는 것과는 차이가 있다. 결국, 의치라는 말은 의족, 의수와 비슷하게 인공적인 물체로 신체 일부분을 대체하는 것이다. 예를 들어 손가락 하나를 잃어서 그것을 대체할 만한 인공 손가락을 접합해야 한다면 누구나 큰 단위의 금액을 예상할 것이다. 손가락의 용도만큼이나 치아의 용도도 가볍지 않다. 다만 손가락은 외관상 바로 보이고 치아는 바로 안 보인다는 차이 때문에 관점의 차이가 생겨나지 않았을까 싶다.

예전에는 자동차가 모두 수동이었다. 내가 운전면허를 취득할 때만 하더라도 자동보다는 수동이 이른바 대세여서 나 역시도 수동으로 운전면허를 취득했다. 수동의 특성상 운전하기가 어렵다. 특히 클러치 페달에 주의해야 하는데, 이 때문에 언덕길에 오를 때면 엔진이 꺼지기 일쑤였고 종종 신호대기를 하고 있다가 엔진이 꺼져서 뒷차들이 빵빵거리는 통에 상시 긴장의 끈을 놓을 수가 없었다.

하지만 요즘은 어떤가? 수동은 트럭의 산유물이 되어버렸고 급기야 자동운전모드라고 해서 속도를 설정해놓으면 스스로 주행하고 장애물 발생 시 급정거도 한다. 아직 국내엔 들어오진 않았지만 자동주차시스템까지 개발되었다. 이른바 스마트한 시대라서 조금만 관심을 가지면 이전보다 훨씬 편하게 배우거나 경험할 수 있는 게 점점 많아지고 있다.

치과 치료도 마찬가지이다. 예전에는 치료 자체 연구에만 투자하고 개발했다면 요즘은 치료받는 환자에 관한 연구개발도 활발하게 진행되고 있다. 점점 변하고 발전되고 있다. 행여나 치과 트라우마가 있다면 당신에게 필요한 것은 단 한마디 표현이다.

"안 아프게 치료해주세요."

이 한마디면 충분하다. 그리고 절대 창피해하지 않아도 된다. 치과 치료가 아프지 않다고 말할 수 있는 사람은 없으니까.

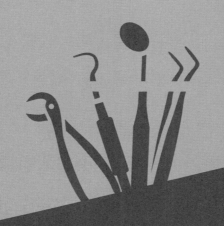

3장

치과에 가기 전에
꼭 알아야 할 것들

내 이에 대체
무슨 일을 하는 거야?

아이나 어른이나 치과를 무서워하는 이유는 언제 들이닥칠지 모르는 통증에 대한 공포 때문일 것이다. 하지만 여느 질병과 마찬가지로 치료시기를 늦추면 상태만 더 안 좋아질 뿐이다. 그래서 적절한 시기에 적절한 치료가 동반되어야 한다. 아프면 최대한 빨리 병원을 찾는 게 보통인데 이상하게 이가 아프면 바로 치과에 내원하는 사람이 드물다. 어느 날은 통증이 있기도 하고 어떤 날은 통증이 없는 걸 경험하면서 방치하는 경우도 많다. 특히 어린아이 같은 경우에는 본인 치아에 대한 자각이 없으므로 모르고 있다가 뒤늦게 발견하는 경우가 많다. 그러므로 정기적인 검진이 반드시 필요하다.

치과공포증을 없앨 수 있는 방법

어른들은 본인 치아에 대한 자각은 있지만 앞서 언급했듯 치과에 대한 막연한 공포감 때문에 망설이게 된다. 치료 시 나는 기구 소리에 그 공포감은 더욱 커진다. 기구 소리와 통증이 부정적인 심리와 연결되어 치과는 무서운 곳이라는 편견이 더해지게 된다. 물론 어떤 치료를 받느냐에 따라 다르겠지만, 실제로 치과 치료를 받아보면 알 수 있다. 지레 겁먹었던 것에 비해 그리 참기 힘든 통증은 아니었다는 것을. 그러니까 어떻게 보면 그 통증은 스스로 만들어낸 허상이라고 할 수 있다. 실제로는 극심한 통증을 동반하는 치과 치료가 많지 않은데 치료받는 환자 입장에서는 심적으로 공포가 크게 다가오는 것이다. 이런 현상은 어린이와 어른 모두에게 해당한다.

어린이 치과에서는 기본적으로 어린이만 보기 때문에 치과에 대한 심리적인 두려움을 줄일 수 있는 프로토콜이 나름 체계적으로 정립되어 있다. 치과 문만 들어서도 울음을 터뜨리는 아이들이 많다. 치과의사와 치과위생사들이 아무리 어르고 타일러도 도무지 아이를 진정시키기란 쉽지 않다. 그러다 보면 아이가 울다 지쳐 그만 치료를 포기하게 되는 경우도 상당하다. 그래서 어린이 치과에는 치료 프로토콜 체계가 잘 잡혀 있다.

그중 몇 가지 가장 중요한 열쇠가 바로 본인이 받게 될 치료를 아이의 눈높이에 맞춰 설명해주고 직접 치료에 사용될 기구를 보여주는 것이다. 그렇게 하면 머릿속으로 상상하던 치과에 대한 무시무시한 공포가 현저히 줄어들게 된다. 동시에 진료 협조도가 훨씬 좋아지는 모습을 볼 수 있다.

또 다른 한 가지 방법은 비슷한 또래의 아이가 치료를 잘 받는 모습을 보여주는 것이다. 그러면 아이는 속으로 나는 무서운데 저 친구는 치료를 잘 받는구나 하고 생각하게 되고, 그것은 의식의 전환을 가져온다. 나도 저 친구만큼 치료를 잘 받아서 의사 선생님과 엄마에게 칭찬을 받고 싶다는 생각을 하게 하는 긍정적인 동기부여가 된다. 그리고 기구를 보여주는 것을 넘어 아이들이 치과 도구를 만질 수 있도록 하면서 각각 어떤 기능을 하는지 친절하게 설명해주면 치과 치료를 하나의 놀이로 인식하게 된다. 즉 '알면 겁나지 않다'는 논리이다.

이렇듯 아이들을 위한 프로토콜은 체계적인 반면에 어른들을 위한 진료 가이드라인은 어떨까? 우리는 '어른은 아파도 무조건 참아야 한다. 아프다고 티를 내는 건 굉장히 창피한 일이다'는 고정관념이 있다. 어른이라는 이유로 무조건 참아야 한다는 프레임에 가둬서 이러한 기본적인 프로토콜을 무시하고 있다.

그러나 아이든 어른이든 공포에 대한 반응은 똑같다. 우리의 고정관념은 때론 합리적이지 못한 판단을 하게 한다. 사람들의 시선에 자유로운 사람은 몇 안 되기 때문이다. 그리고 이런 편견은 여성보다 남성에 더 기울어져 있다. 남자는 약한 모습을 보이면 안 된다는 생각이 더 강하기 때문에 남성들이 여성들보다 치과 치료를 미루는 경우가 더 많다.

적어도 누군가의 아픈 곳을 치료해주는 의사는 이런 편협된 시선에서 벗어나 원칙에 입각한 정직하고도 진실된 진료를 해야 하지 않을까? 어른, 아이, 남성, 여성, 사회적인 시선을 넘어 오직 치료를 필요로 하는 환자로 대하고 진료하는 것이 우선시 되어야 한다. 어른이라고 해서 인간이 느끼는 공포감마저 별것 아닌 것으로 치부해버리면 안 된다는 거다. 아이들은 울음으로 두려움을 표현할 수라도 있지, 겉으로는 내색 못해도 속으로는 울고 있는 어른들이 정말 많다.

치과 진료에 대한 불신과 더불어 어른들이 치과를 기피하는 이유를 한 가지 더 말하자면 기구 소리와 냄새가 끔찍하다는 점이다. 치료 시 발생하는 기구 소리가 환자들에게는 소음과도 같이 듣기 싫은 소리인 것이다. 흔히 치과 냄새라고 부르는 치과 특유의 냄새도 그리 썩 좋은 이미지로 다가오지 않는다. 연세가 지긋한 환자들도 치과 진료를 마냥 낯설게만 느끼는데, 그 탓에 참다가 상태가 많이 안 좋아진 후에야 자식들과 병원을 찾는 분들이 꽤 많다. 노인분들은 보통 치아에 통증이 있거나 이상징후를 느껴도 속으로만 끙끙 앓는 경우가 참 많다.

'내 이에 대체 무슨 일을 하는 거야!' 이런 생각은 어른 아이, 남녀 할 것 없이 똑같다. 치과 치료는 다른 진료에 비해 비보험 진료 비중이 높아서 비용적으로도 부담이 클 수밖에 없다. 그래서 환자들은 치과 치료를 하기에 앞서 더 날카롭고 꼼꼼하게 따져보고 우려하는 부분에 대해서 믿음이 가야 비로소 치료할 마음을 먹게 된다. 치과의사는 하나의 치과를 운영하는 직책에서 벗어나 환자 입장에서 충분히 가질 수 있는 의문점을 이해하려고 노력해야 한다. 먼저 이해하고 받아들여야 환자도 내가 찾은 이 치과를, 이곳의 치과의사를 믿을 수 있게 된다.

아이들처럼 성인을 위한 맞춤 프로토콜이 있다면 어른들도 조금 더 편안하게 치과진료를 받을 수 있게 되지 않을까? 우선 치과 문턱을 넘어서는 것부터 시작이다. 치료가 즐겁게 느껴진다는 것은 굉장히 어려운 일이다. 하지만 편견을 버리고 환자 한 분 한 분을 위한 진료를 하겠다는 마음가짐은 생각보다 많은 것을 변화시킬 거라고 믿는다.

어른이든 아이든 인간 대 인간, 한 인격체에 대한 존중이 중요한 밑거름이 된다. 내 치아를 믿고 맡길 수 있는 치과를 찾고 있는가? 환자로 보기 이전에 나를 하나의 소중한 사람으로 진실하게 대하는 치과의사, 그것이 바로 좋은 치과를 선택할 수 있는 첫 번째 관문이 아닐까?

어린아이도 이해하는
치과 진료 원리

치아도 인체의 장기 중 일부이다. 유일하게 뼈와 연결되어 있지만, 밖으로 노출되어 있는 좀 독특한 장기이다. 우리 몸을 자세히 살펴보면 피부의 경우 상처가 나도 시간이 지나면 재생이 되고 회복한다. 심지어 뼈가 부러져도 깁스를 한 채로 시간이 지나면 뼈가 붙는다. 그렇지만 치아는 다르다.

치아가 부러지거나 금이 가면 아무리 시간이 지나도 붙거나 재생되지 않다. 오히려 처음엔 작던 금이 시간이 지나면서 커지기만 할 뿐이다. 양이 한정되어 있는 소모성 장기라고 생각하면 되는데, 심지어 재생도 되지 않기 때문에 더욱 아껴 써야 하는 귀한 장기이다. 그러나 우리는 종종 그 귀함을 잊어버리곤 하는데, 눈에 보이는 손가락 하나의 소중함은 크게 생각하면서 치아 하나의 소중함은 그에 못 미치는 듯해 안타까울 때가 있다.

한번은 이런 환자가 오셨다. 30대 젊은 회사원인데 들어오면서 한숨부터 쉬었다. 간단히 이야기를 나눈 뒤 엑스레이를 찍었다. 엑스레이를 보니 충치 치료도 몇 개 받았고 신경치료한 치아도 몇 개 있고 임플란트도 하나 있다. 이번에 방문한 이유는 어금니 하나가 많이 흔들렸기 때문인데 환자의 표정이 좋지 않다. 그동안 치과 치료를 많이 받아봤기 때문에 이번에도 어떤 치료를 하게 될지 알고 있는 듯했다.

"안녕하세요. 우리 치과는 처음이신데, 제가 엑스레이를 보니 이전에 다른 치과에서 치료를 많이 받으셨네요. 이렇게 치과 치료를 많이 받은 경우 치과에 대한 안 좋은 기억이 있을 수 있거든요. 혹시 그런 게 있으신가요?"

내가 자기 마음을 알아줬는지 환자는 껄껄 웃는다.

"하하. 네, 안 그래도 제가 치과 치료한다고 고생을 꽤 했어요. 솔직한 심정으로 이렇게 치아가 안 좋아질 때마다 치료를 받느니 그냥 확 다 뽑아버리고 틀니나 해버리고 싶어요."

하나씩 그때그때 치료해보니 돈은 돈대로 들어가고 치료해놓아도 또 다른 치아가 말썽이다. 그래서 그냥 한 번에 다 빼버리고 틀니를 하고 싶다는 말, 충분히 공감은 간다. 1년에 한 번씩 스케일링도 꼬박꼬박 받고 있고 정기검진도 하는데 시간이 지나면 충치가 생기고 치아가 깨지고 치아를 빼야 하는 상황이 벌어지니 화가 날 법도 하다.

쉽게 설명하자면, 한 사람의 구강 안에서도 치아마다 각자의 수명이 따로 있다. 1년도 못 갈 치아가 있고 30년 이상 갈 치아도 있다. 치료라는 것은 이대로 놔두면 1년도 못 가 빼야 할 치아를 5년 이상으로 늘려주는 작업이다. 오해하면 안 되는 게 절대로 1년도 못 갈 치아가 치료를 받았다고 해서 10년, 20년 버티지는 못한다. 원래의 수명을 늘리는 것이지 태고의 상태로 되돌리는 작업은 아니다. 또한, 수명이 1년밖에 안 될 치아가 치료를 받는다고 해서 무조건 수명이 늘어난다는 보장도 없다.

상태가 안 좋지만 증상이 없으면 굳이 치료하지 않는 경우도 많다. 우리끼리 이야기로 일명 '잠자는 사자'라고 부른다. 건드려서 좋을 거 없다는 얘기다. 환자가 느끼기에는 아무 증상도 없었는데 치과에서 손대서 망쳐놓았다는 소리를 듣기 딱 좋은 치아이다. 이 환자 같은 경우에도 치료를 다 받았지만, '잠자는 사자'인 상태들의 치아들이 몇 개 있었을 확률이 높다.

치아 치료에도 순서가 있다

치과 치료를 설명할 때 숲과 나무의 개념을 빼먹을 수 없다. 치아가 나무이고 구강이 숲이다. 나무 하나하나가 망가지면 숲이 망가지듯 치아 하나하나가 망가지면 구강이 망가지는 원리이다. 또한, 나무 하나가 망가져도 다른 나무들이 튼튼하면 숲이 쉽게 망가지지 않는다. 그러나 다른 나무들이 부실하면 숲 전체가 순식간에 무너질 수도 있다.

이제 나무 하나, 즉 치아를 자세히 살펴보겠다. 치아 하나의 치료에도 순서가 있다. 작게 때우는 치료, 크게 때우는 치료, 부분적으로 씌우는 치료, 전체적으로 씌우는 치료 그리고 신경치료, 그 다음은 발치이다. 앞서 말했듯이 치료에도 기대 수명이라는 게 있다. 충치치료 몇 년, 씌우는 치료 몇 년, 신경치료한 치아 몇 년 이렇게.

여기서부터는 약간의 산수가 필요한데, 예를 들어 A라는 사람이 때운 치료를 해서 10년을 쓰고 그 후 충치가 생겨서 다시 씌우는 치료를 해서 10년을 쓰고, 또 충치가 생겨서 이번에는 신경치료를 해서 10년을 썼다고 치자. B라는 사람은 그냥 처음부터 신경치료를 해서 10년을 썼다고 하면 A와 B 중 누가 더 치아를 오래 쓰는 걸까? 뭐 계산까지도 필요 없이 당연히 A가 현명한 환자이다. 하지만 당장의 불편감과 귀찮음 때문에 B처럼 해달라는 환자들이 종종 있다.

다시 숲으로 돌아오겠다. 나무 하나에 적용되었던 원리가 그대로 적용된다. 다만 치아가 많아서 복잡하게 느껴져서 그렇지 큰 그림은 똑같다. 현재 환자 구강 상태에 맞는 치료를 하는 게 중요하다. 가장 시급한 부위, 그다음 시급한 부위, 그리고 정기적인 검사만 해도 되는 부위로 나누어서 전략적으로 치료를 시행해야 한다. 그리고 시급함의 정도는 환자가 느끼는 통증이나 불편함의 정도로 측정되는 것이 아니라 구강이라는 큰 그림 속에서 결정되어야 한다.

치과 치료의 최종 목적은 간단하다. 양쪽 어금니가 불편감 없이 잘 씹을 수 있고 앞니들은 잘 절단할 수 있어야 한다. 그리고 추가적으로 치아가 좀 가지런했으면 하고 냄새도 안 나면 좋을 거라는 바람이 있는 것이다. 이제 그림이 좀 그려지는가? 치료에는 순서가 있다는 점 잊지 말길 바란다.

충치는
전염병이다

　작년 이맘때쯤 일이다. 치과 근처에 아주 큰 요양병원이 있는데, 그 병원에서 종종 머리가 희끗희끗한 할머니 할아버지들이 오시고는 했다. 그런데 하루는 직원들끼리 뭐가 그리 재미있는지 손바닥으로 입 모양을 가리며 깔깔거리고 있었다. 환자에게는 들리지 않을 거리에 가서 직원 한 명에게 넌지시 무슨 일인지 물었다.

　"아니 할아버지 한 분이 오셨는데, 글쎄 할아버지께서 본인이 충치 전염병에 걸리셨대요. 그래서 입안이 간지럽고 따끔거리니까 약을 좀 발라야 되지 않겠느냐고. 너무 웃기잖아요. 충치 전염병이 어디 있어요? 하하."

　나는 그날 그 말을 듣고 직원들 교육 자료에 충치균 항목도 포함했다. 충치는 전염병이 맞기 때문이다.

우리는 흔히 감기가 전염병이라는 사실을 잘 알고 있다. 하지만 충치균 역시 사람에게서 사람으로 전염된다는 사실은 잘 모르는 경우가 많다. 아마도 이것은 우리가 충치를 표현할 때 '치아가 썩었다'고 하기 때문에 그러지 않나 싶다.

우리가 보통 과일이 썩었다는 표현을 쓸 때에는 과일이 무슨 박테리아나 세균에 전염돼서 썩었다고 생각하기보다는 그냥 시간이 오래 지나 자연스럽게 썩었다고 상상한다. 그러나 감기라는 질환이 감기 바이러스 때문에 생기는 것이라면, 충치라는 질환 역시 뮤탄스라고 불리는 충치 박테리아 때문에 생기는 것이다. 감기 바이러스가 내포되어 있어도 몸이 건강하면 감기에 걸리지 않듯이 충치균이 입안에 있어도 구강 상태가 건강하고 양치만 잘 되어 있으면 충치가 생기지 않는 원리와 동일하다.

실제로 유럽 및 미국에서는 이 뮤탄스라는 충치균에 대한 다양한 연구가 진행되고 있는데, 핀란드 투르쿠대학 치과대학의 에바 소더링 교수는 주로 생후 19~33개월 사이의 아이가 갖고 있는 충치균의 90%가 어머니로부터 감염되는 것이라고 발표했다.

또한, 에바 교수는 33개월 미만인 아기의 입안으로 전염된 뮤탄스균은 아기의 입안에서 세균 집락을 형성해 평생 서식하며 충치를 일으킬 수 있기 때문에 이 시기에 감염을 막는 것이 무엇보다 중요하다고 이야기했는데, 이 말은 이 시기에 충치 전염을 막으면 평생 충치 걱정을 하지 않고 살 수 있다는 설명이다.

얼마 전 방송에서 이 이야기가 소개되면서 화제가 되기도 했다. 하지만 아직도 이를 잘 모르는 많은 엄마와 아빠가 아기와 서슴없이 입맞춤하고는 한다. 침 한 방울에는 수천만 마리의 충치균이 있는데도 말이다. 그것뿐인가, 밥 먹는 수저를 자신의 입에 넣었다가 아기에게 주거나, 젖병의 고무꼭지가 막히면 자신의 입에 넣어 뚫은 다음 바로 아기 입에 물리기도 한다. 이는 충치균 감염 위험을 지극히 높이는 행위임으로 절대 해서는 안 되겠다.

시카고의 미용치과 전문의인 마가렛 미첼은 본인에게 진료받고 있던 40대 여성 환자가 이 전에는 충치가 하나도 없을 정도로 깨끗했는데 치주질환이 심한 남성과 연애한 이후 갑자기 충치가 생겨나고 잇몸이 안 좋아지는 등 웃지 못할 해프닝이 벌어졌다고 밝혔다.

충치에 대처하는 우리들의 자세

그렇다면 우리는 이 충치균인 뮤탄스균에게 꼼짝없이 당해야만 하는 것일까? 물론 그렇지 않다. 우리 인간의 면역체계는 그렇게 호락호락하지 않다.

2016년 조류독감은 그 위세가 엄청났다. 청정지역이라던 제주도에까지 퍼졌고 서울 역시 예외는 아니었다. 치솟는 달걀값에 급기야 정부는 달걀을 수입하는 사태에까지 이르렀다. 원고를 쓰고 있는 지금 시점까지도 종료되지 않았다. 농림축산식품부가 발표하기를 조류독감이 시작된 2016년 11월부터 12월 21일까지 도살이 완료됐거나 예정인 가금류 마릿수는 총 2,084만 9천 마리였다. 불과 35일 만에 2천만 마리라니 엄청나다. 방역 당국이 손을 놓은 것도 아닌데 말이다. 한 달 만에 우리 국민 절반에 가까운 조류들을 폐사시킨 거다.

동물들의 전염병이 조류독감이라면 인류에게 비교할 만한 전염성 질환으로 메르스(MERS)가 있다. 메르스 역시 전염력이 높아 장장 69일 동안 38명의 사망자를 만들어내 우리를 공포에 떨게 했다. 확진자와 접촉한 가족이나 사람들의 확진 요청을 거부하는 우를 범했고, 자체 격리자가 여행을 떠나는 등 격리자 관리에도 허점이 많았다. 방역 당국의 부실한 대책과 국가 비상 시스템에 대한 아쉬움이 남았던 사건이다. 그렇지만 한편으로는 너무 기대치가 높아서 실망이 컸던 건 아닐까 생각해본다. 늦었지만, 그래도 대처를 했고 각종 매체를 통한 전파로 높아진 국민의 위기의식이 있었기에 메르스가 두 달 만에 종식되었다고도 볼 수 있다. 특히 조류독감과 비교하면 말도 안 되는 수치이다.

이 두 집단의 감염성균에 대한 전염으로 인한 결과가 다른 이유는 무엇이었을까? 그것은 바로 그 집단이 전염균에 대처하는 능력의 유무일 것이다. 충치균에 있어서의 대처법은 올바른 양치질과 건강한 식습관이다. 부적절한 양치질은 충치균이 입안에 들어왔을 때 혹은 이미 들어와 있는 충치균을 더욱 강화시켜주는 역할을 하게 된다. 그리고 그 충치균은 군락을 형성하게 되고 한번 형성된 군락은 그 후 아무리 양치를 잘 해줘도 근본적으로 없애기가 힘들다. 그래서 잠깐만 신경을 안 써도 잇몸병이 생기고 충치가 생길 수 있다.

충치가 전염병이라고 생각하면 충치가 좀 무서워지지 않은가? 나는 양치를 잘해서 충치도 없고 잇몸도 건강한데 충치균이 있는 사람 때문에 충치나 잇몸병이 생길 수도 있다고 생각하면 말이다.

충치는 엄연히 전염병의 특성을 지니고 있다. 그리고 예방은 올바른 양치질과 건강한 식습관이다. 또한, 33개월 미만의 아이에게 너무 격렬한 입맞춤은 피해야겠다. 꼭 해야겠다면 정말 꼼꼼히 닦은 후에 하는 것을 추천한다.

턱이 아프면 치과에 갈까,
정형외과에 갈까?

2016년 노벨상의 슈퍼 히로인은 당연히 밥 딜런이다. 노래 가사의 문학적 예술성을 높이 평가했다지만, 대중가수가 노벨문학상을 수상한 것은 이번이 처음이라 놀랍다. 노벨문학상만큼의 관심은 못 받았지만, 그 전에 노벨과학상 세 분야에 대한 시상이 있었다. 노벨 생리의학상, 노벨 물리학상, 노벨 화학상이다.

노벨 의학상에서는 세포 노화의 비밀을 밝혀 치매 예방의 열쇠를 얻었고, 노벨 물리학상에서는 우리가 사는 3차원이 아닌 1, 2차원의 물질을 밝혀 지금의 반도체나 슈퍼컴퓨터보다 수만 배 빠른 전혀 새로운 물질을 규명했다. 마지막으로 노벨 화학상도 주목할 만하다. 통상 약을 먹을 때 알약 형태로 먹거나 주사제 형태로 투여되는데 이 경우 원하지 않는 장기에도 약물의 효과가 일어나게 된다. 그런데 이번에 노벨화학상을 받은 '분자기계'라고 불리는 기전 덕분에 원하는 장기에만 약물을 투여할 수 있게 되었다고 한다. 마치 영화 '앤트맨'을 보는 듯하다.

이처럼 과학은 끊임없이 연구되고 있고 발전되고 있다. 그리고 이것은 다른 쪽으로 생각해보면 아직 밝혀지지 않은 분야가 그만큼 많다는 반증이기도 하다. 특히 의학 중에서도 뇌 분야는 의학계의 미지의 장막이라고 불릴 정도로 베일에 가려져 있는데, 그러다 보니 뇌세포 활동과 관련된 다른 질환들 역시 최근에야 밝혀지는 일들이 비일비재하다.

2005년도에 내가 공중보건의사로 근무 중일 때 이런 환자가 있었다. 그때 당시 면 단위 마을의 보건지소에서 근무하고 있었는데, 해당 면의 마을 이장님이 치료를 받으러 오셨다. 이장님이 오시기 몇 주 전에 마을회관에서 열리는 경로당 개관식에서 막걸리를 같이 하며 인사를 한번 드렸던 터라 더욱 반갑게 맞이했다.

이장님께서는 진료실로 성큼성큼 들어오시더니 아무 말 없이 인사하시고는 새마을운동이라고 써진 녹색 모자를 벗으시고 천천히 의자에 앉았다. 몇 주 전에 보여주셨던 함박웃음은 온데간데없고 온 세상의 고난은 혼자 짊어진 표정으로 나를 바라보다가 하소연을 시작했다.

"아이고, 소장님. 지가 원래 이빨은 짱짱했어라. 근디 요번에

농사가 잘 안 되니께 맘고생을 좀 해브렀시오. 그랬드만 요 며칠 치아가 다 망가져 불었쓰요. 아침에 일어나면요, 치아가 다 빠져 버릴 듯 아프고 시간이 지나면 점점 나아지기는 하는데 이거야 원 씹을 수가 없어요. 이거 어찌야 쓰까요?"

난생처음 들어 보는 소리였다. 마음고생을 하면 치아가 망가진다니, 이건 무슨 소리인가. 너무 개연성이 없지 않나 하고 속으로 생각하면서도 일단 실망시키지 않기 위해서 검진을 해보았다.

"네? 일단 치아를 한번 봐야죠. 아 하고 입을 벌려보세요."

정말 치아들을 만져보니 안 흔들리는 치아가 없었다. 어금니 쪽으로 갈수록 많이 흔들렸는데, 마음고생 때문에 치아가 이렇게 되었다는 환자 말을 다 믿지는 못하겠고 나름대로 내린 결론은 잇몸병이었다. 그냥 양치가 잘 안 되다 보니 잇몸이 안 좋아졌고 안 좋아진 잇몸 때문에 잇몸에 염증이 생긴 거라고 생각했다. 따라서 나는 잇몸 치료를 하고 항생제 처방을 냈다. 그리고 잇몸 치료를 받고 약을 복용하면서 실제로 증상이 좀 개선되기는 했다. 그래서 나도 치료가 잘되고 있다고 착각했었다.

그런데 몇 달이 지나면 또 같은 현상이 벌어져서 같은 처방을 내리기를 몇 번을 반복하다가 공중보건의 기간이 만료되었다. 중간에 좀 이상하다는 생각을 했지만 그때 당시 나는 졸업한 지 얼마 안 되었던 터라 아직 미숙했고, 또 시골 보건지소의 경우 지금처럼 엑스레이 장비가 잘 갖춰져 있던 게 아니어서 정확히 환자 상태가 어떠한지 왜 이런 상태가 되었는지 잘 알지 못했다. 그냥 충치 정도 체크하고 잇몸이 안 좋은 치아가 있다 없다 정도만 아는 미숙한 치과의사였다.

결론적으로 이장님은 턱관절 질환을 앓고 있는 상태였다. 근래에 들어서는 많이 보편화된 질환이기 때문에 치과에도 물리치료라든가 장치치료 및 턱관절 운동 교육 등 치료 시스템이 잘 갖추어져 있지만, 아직 홍보 및 전달 미비로 일반인들에겐 생소한 질환이기도 한다.

서울대학교 치과대학 정성창 교수는 턱관절 질환의 유병률은 우리나라 국민 3~4명당 1명 꼴이나 증상이 심해서 치료를 받아야 할 환자는 5~7% 수준이라고 발표했다. 당뇨병 환자 수가 우리나라 인구 대비 6.8%임을 고려할 때 비슷한 수준으로, 그 숫자에 비해 질환의 심각성은 잘 알려지지 않은 대표적인 병이 바로 턱관절 질환이다.

이 턱관절 질환은 일차적 원인이 스트레스로 알려졌으며 이차적인 원인으로 이 악물기 및 이갈이가 있다. 그런데 이갈이의 경우 소리가 나고 턱을 움직이기 때문에 주변에서 알아차리기가 쉽다. 따라서 본인이 이갈이를 하는지 아는 경우가 많지만, 이 악물기의 경우 소리가 나지 않고 움직임이 크지 않기 때문에 알지 못하는 경우가 많고 또 수면 중에 일어나기에 더더욱 알 수가 없다. 마치 우리가 숨 쉬는 것을 인지하지 못하는 것처럼 이 악무는 습관도 인지가 안 된다. 평소 이를 악무는 습관을 지닌 경우 혀에 톱니바퀴 모양의 압흔이 생기거나 비슷한 모양의 압흔이 양쪽 볼에 생긴다. 그리고 치아에 미세한 파절선이 많이 생기는데 이런 것들을 종합해서 치과의사가 진단을 내리게 된다.

치료법으로는 여러 가지가 있지만, 가장 중요한 것은 예방이겠다. 결국은 병의 원인이 되는 이 악물기를 줄여야 한다. 가만히 있는 상태에서 이를 악무는 것뿐만 아니라 껌을 자주 씹는다거나 오징어나 견과류 등을 자주 씹는 행위가 이 악물기라는 안 좋은 습관을 만들 수 있다. 또한, 운동하는 분들의 경우 순간적으로 힘을 낼 때 이를 악무는 경우가 많다. 그래서 전문 운동가의 경우 마우스가드를 하기도 하다. 수면 중 이 악물기는 낮 동안에 이 악물기만 개선되어도 줄일 수 있다. 따라서 낮 동안의 습관 개선이 가장 중요하다.

그런데 사실 하지 말라고 하면 더 하게 되는 게 있다. 마치 "고릴라를 생각하지 마세요." 했을 때 이미 머릿속에 고릴라 한 마리가 그려지는 것처럼 말이다. 그래서 내가 환자들한테 자주 하는 이야기가 있다.

"습관 개선에 좋은 운동법 하나를 알려드릴게요. 하루에 3분 정도만 투자하세요. 주로 주무시기 전에 하는 게 좋은데, 입술을 다문 상태에서 치아를 최대한 띄우는 겁니다. 그 상태에서 양쪽 볼을 가볍게 마사지해주세요. 어떠세요? 어렵지 않죠?"

실제로 이것과 똑같은 원리의 미용 시술이 유럽에서 몇백만 원에 팔리고 있다. 구강 내 장치 하나를 끼우고 이 운동을 하는 건데, 유럽에서 하는 미용 시술에 포함된 이 장치는 비용을 받기 위한 명분인 듯하고, 목적 달성을 위해서는 이 운동 하나만으로도 충분하다. 지금 바로 한번 해보길 바란다.

지긋지긋한 편두통이 치아 때문이라고?

편두통을 심하게 겪어본 적이 있는가? 편두통이 생기는 이유는 굉장히 다양하다. 편두통 때문에 병원에 가서 MRI를 찍은 주변 환자들 모두 특별한 이유를 찾지는 못했다. 그러다 보니 편두통이 생기면 진통, 소염제 정도 처방받는 경우가 많다. 다만 편두통이 생기는 원리는 혈관의 박동성 수축 및 반복에 의한 것과 신경 역치 감소에 의한 것이라는 것이 지배적이다.

이 중 혈관의 박동성은 쉽게 설명될 수 있는데, 우리 뇌의 옆부분을 감싸고 있는 근육이 있다. 이 근육은 평상시에는 쉬어줘야 한다. 그런데 근육이 쉬지 않고 계속 일을 하게 되면 근육 자체가 단단해지면서 부피가 커지게 된다. 그렇게 되면 그 근육이 감싸고 있던 혈류와 신경에 만성적인 자극을 주게 되어 편두통이 생기는 것이다. 이렇게 간단한 원리인데 문제는 그 근육이 왜 긴장하는지가 미스터리다. 다양한 이유가 있지만, 그중 하나가 바로 턱관절 질환 때문이다.

치과건물 근처에서 식당을 하는 김씨도 처음에는 턱에서 소리만 나고 통증은 없었다고 했다. 몇 년 전부터 소리가 나다가 말다가를 반복하다가 몇 달 전부터는 입을 벌릴 때에 통증이 있었고, 이게 점점 심해지더니 삼 일 전부터는 아예 입을 벌릴 수가 없는 상태가 되어 내원하셨다. 입을 제대로 못 벌리니 말을 해도 어눌하고 식사도 불편하고 무엇보다 갑자기 병이 빠르게 진행되는 것 같아 두려움이 큰 듯했다.

환자 말씀이 예전에도 이런 적이 있었는데 며칠 지나면 낫기에 이번에도 그러려니 하고 말았는데 시간이 지날수록 더 심해져서 치과에 오신 것이다. 이번 일로 스트레스를 많이 받았는지 눈 밑에 다크서클이 짙었고 어깨가 축 처져 있었다. 이런 분들은 병이 만성화되어 있기 때문에 만사 귀찮고 거슬려 한다. 그런데 너무 아파서 어쩔 수 없이 오신 것이다. 조심스럽게 첫 질문을 던진다.

"제가 차트를 꼼꼼하게 잘 봤고요. 지금 입을 못 벌리는 상태라고 들었어요. 실례가 안 된다면 혹시 하루 수면 시간이 얼마나 되는지 알 수 있을까요?"

턱이 아파서 왔는데 원장이 뜬금없이 잠자는 시간을 물으니 좀 의아해했지만, 잠시 생각을 하더니 입을 연다.

"요즘 큰애가 고3이라서 학원에서 늦게 집에 와요. 12시 넘어서요. 근데 제가 새벽마다 장을 보러 나가야 하니까 거의 4시간 정도 자는 거 같아요."

　턱관절이 다소 안 좋은 상태에서 컨디션이 떨어지니 증상이 악화된 케이스다. 이해를 돕기 위해 설명을 덧붙이자면 아침에 일어나자마자 뛰라고 하면 다연히 무릎에 무리가 올 것이다. 턱관절도 무릎 관절과 비슷하다. 그런데 환경은 오히려 무릎 관절보다 더 안 좋다. 무릎 관절의 경우 한쪽이 안 좋으면 다른 한쪽을 주로 사용하는 방법을 이용한다든가 해서 아픈 한쪽을 쉬게 할 수 있다. 그런데 턱관절은 슬프게도 둘이 한몸이라서 쉴 수가 없다. 한쪽이 일하면 다른 반대쪽도 질질 끌려가서 일해야 한다.

　"자, '아' 해보세요. 본인이 할 수 있는 최대한으로 입을 크게 벌려보세요. 네, 잘하셨어요. 이제 천천히 다시 '아'를 크게 해보세요.

　보통 턱관절에 이상이 없는 사람의 경우 입을 크게 벌렸을 때 본인 손가락 3개 정도가 들어간다. 그리고 거울을 보고 입을 벌렸을 때 아래턱이 얼굴의 정중앙에 거의 비슷하게 벌어진다. 그런데 이 환자의 입은 나름 크게 벌어지는데 방향이 왼쪽으로 확 틀어진다. 왼쪽 턱관절이 문제인 것이다. 다리에 있는 무릎을 보면 중간에 디스크가 있다.

　마찬가지로 턱관절에도 중간에 디스크라는 것이 있는데, 그게 옆으로 빠져나와 있는 것이다. 그게 빠져나와 있는 상태에서 움직이니 아프기도 하고 잘 움직이지도 않는 것이다. 우리가 흔히 말하는 허리 디스크 걸렸을 때의 상황과 거의 흡사하다.

물리치료를 하고 해당 부위에 차가운 스프레이를 뿌려서 딱딱한 근육을 마사지해준다. 그러면 근육이 편안해지면서 좀 부드러워진다. 충분히 근육이 부드러워지면 걸려 있는 턱관절을 넘겨준다. 자동으로 빠져나간 디스크는 아주 약간 안쪽으로 제 위치가 된다. 환자를 보고 다시 입을 크게 벌려 보라고 했다. 다행히 정상적으로 벌려진다.

이제 턱관절은 자리를 잘 잡았다. 그런데 앞으로가 더 중요하다. 최소한 일주일간은 턱을 앞으로 살짝 내밀어줘야 한다. 그리고 한마디 더 덧붙인다.

"어머니, 오늘부터는 좀 일부러 시간 내서 쉬셔야 해요 이번에는 그냥 몸이 주는 경고라고 보면 되는데 다음번에 또 통증이 생기면 그때는 시간도 더 오래 걸리고 비용도 더 많이 들어요."

턱관절 질환의 종류는 다양하다. 소리만 나는 경우도 있고 소리가 한 번 나는 경우, 두 번 나는 경우, 또 입을 벌릴 때 소리가 나는 경우, 입을 닫을 때 소리가 나는 경우, 입이 한쪽으로 틀어지는 경우, 입이 완전히 안 벌어지는 경우, 입 벌릴 땐 괜찮은데 그냥 턱이 아픈 경우, 턱 주변 근육이 아픈 경우 등 종류도 다양하고 증상도 다양하다.

입을 벌릴 때 초기에 나는 소리는 정상 범주로 간주하기도 하지만 중기나 말기 정도에 소리가 난다면 치료를 받아야 한다. 그대로 두었다간 관절 내 디스크가 얇아지면서 찢어질 수도 있기 때문이다.

　환자 입장에서는 처음 겪는 일이기 때문에 이게 초기인지 중기인지 구분이 안 될 것이다. 그래서 입을 벌릴 때 소리가 난다거나 어떠한 경우에라도 통증이 있으면 치과에 방문하는 것이 중요하다. 증상에 맞는 치료를 최대한 빨리 시행해야 병의 악화를 막을 수 있다. 병이 진행되면 될수록 치료 기간도 그에 비례해서 길어진다. 단순 턱관절의 경우 당일 끝나기도 하지만 진행이 많이 된 경우 최소 6개월에서 2년 가까이 치료를 받아야 할 수도 있다.

　항상 건강한 습관을 유지하는 것도 중요하지만 사람이 그렇게 항상 건강하게만 살 수 있는 게 아니므로 병이라는 것이 생기는 것이고 그럴 때는 의사의 도움을 받으면 된다.

임플란트에 대한
오해와 진실

　한 여자아이가 대기실에서 너무도 서럽게 울고 있다. 치료받기 싫다고 울고 있는 거다. 아빠와 같이 온 이 아이는 손에 사탕을 꼭 쥐여주며 정말 하나도 아픈 거 없다는 간호사 언니의 꾐에 꾀어 결국 진료실로 들어왔다.

　진료실에 들어오자 간호사 언니는 다시 한 번 "의사 선생님이 정말 하나도 안 아프게 해주실 거야."라면서 나를 부담되게 만든다. '아, 조금은 아픈데.'라고 속으로 중얼거리며 아이를 본다. 다행히 너무 많이 흔들려서 하나도 아프지 않게 유치를 발치했고 그렇게 나는 그 아이한테 명의가 되었다. 아이와 아빠는 같이 웃으며 병원을 나섰다.

그 일이 있고 얼마나 지났을까, 이번에는 그 아이의 아빠가 혼자 오셨다. 그렇지만 아무 말씀 없이 깊은 한숨만 내쉰다. 담담히 보고만 있던 내게 결심한 듯 입을 열었다.

"사실은 작년에 위쪽 어금니 하나를 임플란트했는데 수술 도중에 임플란트가 상악동에 빠져버렸어요. 그거 꺼낸다고 4시간 동안 수술을 받았는데 너무 고생했습니다. 그래서 그 뒤로는 치과 치료 자체가 무서워서 치과에 못 왔어요. 그런데 반대쪽으로만 씹으니까 반대쪽이 점점 안 좋아져서요. 저번에 딸내미 치료받는 거 보고 용기 내서 왔습니다."

임플란트에 관한 짤막한 일화를 소개하자면 원래 정형외과 의사가 토끼 다리뼈에 실험하기 위해 깁스 형식으로 붙여놓았다가 실험이 끝나고 깁스를 제거하려고 보니 붙어 있었다는 게 시초이다. 그 정형외과 의사는 그렇게 임플란트계의 아버지가 되었다. 사실 그 실험은 1952년도에 실시되었으나 대학 측에서 연구비 지급이 되지 않아 멈춰 있다가 1980년도부터 임플란트가 임상에 본격적으로 사용되었다고 하니 실제로 임플란트가 시작된 지는 40년도 아직 안 된 것이다.

임플란트는 가히 치과계의 혁명이라고 불릴 만하다. 기존 치료법에 비해 단점이 획기적으로 줄고 장점이 많아졌는데, 점수를 매기자면 틀니가 40점, 브릿지가 70점, 임플란트가 90점 정도 된다. 하지만 자연치가 100점일 때 기준이다. 즉 기존의 다른 치료에 비해 임플란트가 전반적으로 낫다는 것이지 자연치보다 좋다는 말은 아니다. 아무리 훌륭한 의족을 착용해도 원래 자기 다리만은 못한 것처럼 말이다.

대표적인 부작용이 전신 질환이 있거나 뼈가 안 좋을 경우 수술 도중에 발생하는 사고 혹은 수술 자체의 어려움이고, 두 번째가 임플란트 해본 사람이라면 잘 알겠지만 지긋지긋한 음식물 끼임 현상이다. 특히 요즘처럼 CT가 보편화 되지 않았던 예전에는 환자의 뼈 상태를 입체적으로 확인하지 못하고 평면으로만 확인하니 수술 실패가 많았다. CT로 예측할 수 있는 수많은 변수를 고려하지 못하고 수술하다 보니 수술 도중 사고도 빈번했다. 그래서 그때 고생했던 많은 분이 일종의 트라우마로 임플란트에 대한 막연한 반감을 가지고 있는 것도 사실이다. 그런 분들은 자주 이렇게 말씀하신다.

"전 원장님이 제가 뼈가 약해서 임플란트가 불가능하다던데."

"전 치과에서는 제가 잇몸이 안 좋아서 임플란트를 하면 위험하다던데."

나날이 발전하고 있는 임플란트 기술

2016년 기준 국내 임플란트 매출 규모는 O사의 경우 2015년 기준 2,800억, 2016년 3,600억을 바라보고 있다. 국내 4위 업체인 S사의 경우 2015년 730억 원, 2016년은 1,000억 원을 바라보고 있다. 어림잡아 계산해도 한 해 평균 300만 개 이상의 식립체가 사용되고 있는 것이다. 엄청난 숫자이다. 우리나라 인구를 대략 5천만으로 잡으면 스무 명 중 한 명이 임플란트를 1개씩 심는 셈이다. 이만큼 시장이 커지고 있다는 뜻이고 그만큼 기술 발전이 이루어지고 있다는 걸 의미한다. 그래서 이 환자들의 말은 틀렸다는 걸 뜻하기도 한다. 이제 뼈가 약해서, 잇몸이 약해서 임플란트가 불가능한 경우는 없다. 다만 기간이 늘어난다거나 추가적인 시술이 덧붙여질 뿐이다.

기존에 임플란트를 해본 분이 겪는 부작용 1위인 음식물 끼는 현상도 달라지고 있다. 처음에는 임플란트와 앞치아 간 공간이 없어서 괜찮지만 시간이 지나면서 앞치아가 앞으로 스르르 이동하면서 공간이 발생한다. 그 공간에 음식물이 끼게 되면 잘 빠지지도 않고 먹을 때마다 잇몸이 눌려서 통증이 유발된다.

이것 역시 예전에는 치아가 전방으로 이동된다는 점을 간과해서 그냥 씌운 탓인데 요즘은 임플란트 크라운을 사이즈 조절이 쉽게끔 제작해서 생겨난 공간만큼 사이즈를 키워서 음식물이 끼는 걸 방지하고 있다.

사실 이 정도만 되어도 임플란트를 사용하는 데 있어서 큰 불편감은 없지만, 금속이 갖는 특성상의 이물감은 분명 존재한다. 그리고 그 과제에 대한 해결이 임플란트에 있어서 궁극적인 목표가 될 수 있겠다.

예전에는 국내 치과의사들이 외국에 나가서 공부하고 배워왔다면 요즘은 반대로 외국의 치과의사들이 국내에 와서 라이브 수술에 참관한다거나 수강하는 추세이다. 또한, 국내에서 열리는 학술대회에는 미국의 치과대학 교수진들이 와도 한국의 치료 결과에 경이로움을 표할 정도다. 이는 대한민국의 치의학이 이제 세계 어디에 내놓아도 부끄럽지 않을 만큼 비약적인 발전을 이루었다는 반증이다.

따라서 충분히 자부심을 가져도 되고 그곳이 어디라도 당신도 한국에서 평균 이상의 치과의사를 만나게 된다면 세계에서 가장 훌륭한 치료를 받고 있다고 생각해도 과언이 아니다. 즉 좋은 치과의사를 잘 만나서 좋은 관계를 유지하는 것이 핵심이며 돈과 시간을 아끼는 방법이다.

4장

치과 치료에 대한
궁금증, 무엇이든
물어보세요

신경치료가 발치보다
더 위험하다고?

찬 바람이 불면 이런 환자들이 종종 온다. 주로 40, 50대 아주머니가 많다.

"원장님, 제가 지난번에 다른 치과에 갔는데요. 특별히 아픈 건 없었어요. 근데 충치가 있다고 하더라고요. 그래서 어쩌겠어요. 치료를 받았죠. 근데 치료받고 나서 그쪽으로 씹을 수가 없어요. 찬물은 대지도 못한다니까요. 그래서 제가 그 치과 원장님한테 몇 번 이야기했는데 매번 기다리면 괜찮아진다고 해요. 근데 저는 안 괜찮다고요. 너무 불편해요. 이거 그냥 신경 죽이면 안 돼요?"

환자 마음은 이해가 간다. 아무 증상도 없었는데 치료를 받고 나서 불편하니 이거 참 미치고 환장할 노릇일 거다. 더구나 간혹 그렇게 치료받은 치아가 신경치료라도 들어가면 더더욱 의사를 신뢰할 수가 없게 된다. 하지만 저런 하소연을 하는 환자들이 오면 내 대답은 한결같다.

"네, 어머니. 불편하셨겠네요. 더구나 증상도 없었는데 그러시니 더 기분이 안 좋으시겠어요. 충분히 그렇게 생각하실 수 있어요. 그 마음은 이해합니다. 그런데 제가 볼 땐 그 원장님 말씀이 맞을 거 같아요. 제가 지금 치료한 부위를 뜯어보진 않았지만, 일단 자기 몸의 일부에 치과 재료라는 외부 물질이 박혀 있는데 치아 입장에서 편하지는 않을 거예요. 익숙해지는 데 시간이 걸리죠. 그리고 증상 없는 멀쩡한 치아를 치료한 게 아니고 더 놔두면 더 큰 치료를 해야 하니까 상황에 맞는 적절한 치료를 하신 거예요. 식사하실 때 그쪽을 조심히 사용해주면 차차 나아질 거예요. 너무 걱정 안 하셔도 돼요. 제가 계속 체크해드릴게요."

하지만 간혹 통증이 사라지지 않고 더 심해지는 경우 환자가 강력히 지금의 증상이 사라지기를 요구하면 나도 치아가 받을 수 있는 마지막 치료인 신경치료를 시행하기도 한다. 그러면 환자는 금방 얼굴이 좋아지지만 내 마음 한구석에는 미안함과 아쉬움이 남는다. 특히 환자가 치료를 많이 받은 상태면 더욱 그렇다.

신경치료라는 것이 치아가 받을 수 있는 마지막 치료이기 때문이다. '신경치료'는 다른 말로 'Pulpectomy'라고도 부르는데, 이 뜻은 '신경 제거술'이다. 즉 신경치료는 염증이 있는 신경을 살리는 치료가 아니라 염증이 생긴 신경을 제거하는 치료이다. 감각을 느끼는 신경이 제거되니까 아무런 감각을 느끼지 못하고 통증 역시 못 느끼니 환자 입장에서는 매우 편하다고 생각될 거다. 하지만 치아에 있는 신경을 제거해서 편해지는 게 정말 좋은 걸까? 절대 그렇지 않다.

신경치료는 마지막까지 고민하라

우리 몸은 정말 잘 만들어져 있다. 특히 우리 몸의 방어체계, 즉 면역시스템은 일본의 이지스함이나 미국의 고고도미사일의 방어따위 우습게 만들 정도로 치밀한데, 우리가 단순 감기에 걸렸을 때 딱히 약을 먹지 않아도 낫는 것처럼 치아도 약한 염증과 미세한 충치에 대해 그에 맞는 방어기전을 갖추고 있다.

평소에 혹시 잇몸이 간지럽다고 느낀 적 없는가? 우리는 신체 일부가 간지러운 경우 그 부위를 손으로 긁어서 해소하는데, 마찬가지로 잇몸이 간지러운 경우 그 부위를 더 세게 양치한다든가 이 쑤시개로 쑤신다든가 해서 그 간지러움을 해소한다.

사실 이 행동을 분석해보면 그 잇몸 부위에 약한 염증이 생긴 것이다. 이때 치아의 면역체계는 그 부위가 간지럽다는 감각 신호를 우리 뇌에 보낸다. 그러면 뇌는 그 부위를 자극하라는 명령을 내리게 되고 실제로 자극을 주게 된다. 잇몸이 자극을 받게 되면 그 잇몸 부위에 혈류량이 늘어나게 되고, 늘어난 혈류량만큼 백혈구와 중성구가 모여서 염증을 치료하게 되는 일종의 약속된 시스템이다.

우리가 아무 생각 없이 한 행동인데 이런 진실이 숨어 있었다니 놀랍지 않은가? 그런데 신경치료를 받게 되면 그 치밀한 방어체계에 허점이 생긴다. 방어체계의 핵심은 레이더인데 그 레이더를 제거한 꼴이 되어버리는 것이다. 그리고 그 결과 방어체계는 무너지고 엄청난 공격을 당하게 된다.

치아도 마찬가지다. 신경치료한 치아는 감각이 없어서 어지간한 염증에는 반응이 일어나지 않는다. 충치가 생기더라도 전혀 신호가 없으므로 별다른 처치도 하지 못하고 통상적으로 사용하게된다. 또 좀 안 좋다 싶으면 그쪽으로 딱딱한 건 안 씹는 방법으로일정 기간 쉬어주어야 하는데 그게 안 되니 계속 씹게 되고 신경치료한 치아가 불편해져서 치과에 가면 원장들 표정이 안 좋은 거다. 그 치아에 사망선고를 내려야 하기 때문이다.

"하아. 음, 이건 뽑아야겠는데요."

아이가 넘어져서 무릎이 까지면 새살이 솔솔 연고를 바르고 무슨 폼밴드를 붙여놔도 피부가 완전히 아물기까지 몇 주가 걸린다. 그런데 상상해봐라. 까진 무릎에 연고만 발라놓고 계속 그 부위를 만지고 건드리는 상황을. 그럼 어떻게 될까? 당연히 상처가 덧난다. 상처가 덧나면서 아무는 시간도 오래 걸린다.

치아가 딱 그렇다. 치료를 받은 뒤 치과의사가 '그쪽으로 식사는 당분간 조심하세요' 한다고 사람이 밥을 안 먹을 수 있을까? 먹어야죠. 근데 식사를 하다 보면 치료받은 치아만 쏙 빼놓고 쓸 수가 있을까? 잘 안 된다. 바로 그게 상처가 덧나는 과정과 비슷하다. 그래서 치료받은 치아가 치유되는 동안 참을성 있게 기다려야 한다. 치료하신 원장님을 믿고 기다리면 된다.

누구나 이를 빼는 건 싫어한다. 하지만 이를 빼는 것만큼이나 신경치료도 신중히 선택해야 한다. 신경치료한 치아의 다음 치료는 발치밖에 없으니까.

교정치료,
적기가 따로 있나요?

편차가 있기는 하지만 평균적으로 아이가 7살 때까지는 입안에 유치만 존재한다. 그러다가 초등학교 입학 즈음해서 영구치가 올라온다. 이 시기부터 시작해서 빠르면 초등학교 6학년, 늦어지면 중학교 3학년 때까지가 입안에 영구치와 유치가 혼합되어 있는 혼합치열기 시기이다.

식습관의 변화로 한국인들의 체형에도 많은 변화가 일어났다. 짧고 넓은 기본골격 구조에서 길고 좁은 골격구조로 바뀌고 있다. 서양인처럼 말이다. 이러한 변화는 얼굴에서도 많이 나타난다. 북방계열인 한국인들은 원래 아래턱이 크고 넓었다. 그렇지만 체형의 변화로 아래턱이 점점 작아지고 있다. 그에 따라서 얼굴이 작아지고 갸름해지고 있다. 얼굴이 작아지는 장점은 있지만, 그만큼 단점도 생겼다. 바로 치아 사이즈는 그대로인데 그 치아를 담는 턱 사이즈가 줄다 보니 치아가 고르게 배열되지 않는 것이다. 이른바 '부정교합'이라고 불리는 그것이다.

유치는 약간 치아가 듬성듬성 나와줘야 정상이다. 그래야 나중에 영구치가 고르게 잘 나올 확률이 높다. 유치가 좀 빡빡하게 나와 있으면 나중에 부정교합이 있을 확률이 다소 있다. 유치부터 부정교합인 경우 영구치도 부정교합이 될 확률이 높다. 그래서 유치 때는 모르고 있다가 영구치가 나오는 혼합치열기 때 삐뚤어진 아이의 앞니를 보고 교정치료를 의뢰하는 경우가 많다.

가장 흔하게 질문받는 게 "우리 아이 앞니가 안쪽으로 치우쳐서 나는 것 같아요. 이거 부정교합이죠? 어떡하죠?"이다. 그런데 원래 아래 앞니는 약간 안쪽으로 나는 게 '정상'이다. 물론 심하게 안쪽으로 나는 경우 부정교합을 의심할 수 있고 그 경우 교정치료를 받아야 할 수도 있다. 그런데 당장 어떻게 해결하기를 원하는 것이 문제다.

모든 교정치료에는 그에 알맞은 시기가 있다. 당장 내가 볼 때 안 좋아 보이니 시작하는 건 아니라는 말이다. 근본적으로 교정치료에도 여러 가지 종류가 있다. 치아를 배열할 것인가, 턱을 변화시킬 것인가, 악궁을 변화시킬 것인가 등등 목적에 따라 그 시기를 달리해야 한다. 자칫 너무 빨리 혹은 너무 늦게 시작할 경우 교정치료 기간이 몇 배로 늘어나는 재앙이 일어날 수도 있다.

우리가 흔히 알고 있는 치아에 장치를 붙여서 하는 교정치료의 경우 중학교부터 대학교 때가 최적의 시기이다. 치아가 다 나오는 시기이기도 하고 뼈 성장이 완료되지 않은 시점이라 치아 이동도 빠르며 이가 아직 자라고 있는 시기여서 교정의 결과도 매우 좋다. 그렇지만 그 시기가 지났다고 해도 본인이 신경 쓰이고 원한다면 할 수 있는 게 교정이다. 오히려 요즘은 경제력을 갖춘 40대 교정 인구도 확연히 늘어났다.

교정치료, 최적의 시기는 있지만 늦은 때란 없다

2010년도에 있던 일이다. 54세 김영걸 씨를 처음 봤을 땐 느낌은 그냥 옷 잘 입는 중년아저씨였다. 스케일링을 받으러 오신 김영걸 씨는 스케일링 치료가 끝나고 나가시는 듯하더니 다시 들어오셔서 데스크에 갑자기 교정비용을 문의하셨다. 항상 그래 왔듯이 데스크 직원은 "부정교합의 정도에 따라 다르고 어떤 장치를 쓰느냐에 따라 가격이 좀 다른데요. 중요한 건 교정받으실 환자께서 직접 진단받아 보고 다시 설명해드릴게요."라며 친절히 응대했고, 김영걸 씨는 약간 멈칫하시더니 그렇게 다음 예약을 잡고 가셨다. 그런데 며칠 뒤 다시 오셨을 때 우리는 너무 깜짝 놀랐다. 특히 데스크 직원이 "어머, 김영걸 씨 쌍꺼풀하고 오셨네요? 호호,

146

대단하세요." 하고 웃었다.

초등학생에게 임플란트를 권하지 않듯이 54세 환자에게 교정을 권하지는 않는다. 종종 아래 앞니가 좀 틀어진 분들을 보면 '아, 이거 한 3개월만 교정하면 잡히긴 할 텐데.'라고 생각은 하지만 한 번도 권해드린 적은 없었다. 그런데 이 환자는 쌍꺼풀 수술을 하고 오신 것이다. 이 말은 먼젓번에 하셨던 교정 문의 역시 본인이 교정치료에 관심이 있으셨던 거다.

나이가 있는 사람은 치아 교정에 관심이 없을 거라는 선입견 때문에 치과에서 먼저 환자와의 소통의 문을 닫아버린 꼴이다. 지금으로부터 7년 전 일이었으니 그럴 수밖에. 이분은 원래 외모에 관심이 많은 분이었는데 아래 앞니가 젊었을 땐 안 그랬는데 나이가 들면서 계속 틀어지니 그게 너무 신경이 쓰이셨단다. 그래서 인터넷으로 알아본 결과 '교정치료'를 알게 되셨고 우리한테 문의하셨다.

김영걸 씨의 경우 많이 틀어지진 않아서 간단한 장치 부착 후 금세 치아는 가지런해졌다. 그런데 지금 이분을 다시 치료한다면 틀어진 정도가 심하지 않아서 투명교정이나 설측으로 했으면 더 만족하셨을 거라는 아쉬움이 남는다.

치아 교정에는 여러 가지 종류가 있다. 우리가 흔히 아는 치아 바깥쪽이나 안쪽에 직접 붙여서 철사를 끼우는 것부터 얼굴에 큼지막하게 쓰고 다니는 것, 눈에 잘 안 보이게 투명한 장치를 넣었다 뺐다 하는 것 등이 있다. 이밖에도 교정을 위해 수술을 하기도 하고 전체 치아를 다 건드리지 않고 치아 몇 개만 움직이는 교정까지 그 방법도 천차만별이고 장치 종류만도 수십 가지에 이른다.

이렇게 종류가 다양한 이유는 교정치료를 받는 환자의 나이나 치아 상태 등이 모두 다르기 때문이다. 거기에 환자의 취향까지 더해지니 종류가 많아질 수밖에.

하지만 가장 많이 하는 치료인 치열 교정치료는 치아가 다 맹출하고 난 뒤인 여자는 만 12살, 남자아이는 만 14살쯤에 하는 것이 맞다. 그것을 육안으로 확인하는 방법은 큰 어금니 두 개가 어느 정도 잇몸 밖으로 드러나서 그 두 번째 큰 어금니에 장치를 붙일 수 있을 때쯤이다. 다른 상황이 있지 않은 이상 그 시기에 교정치료를 하는 것이 일반적이다. 경우에 따라 첫 번째 어금니까지만 붙이는 경우도 있지만, 전체 교정치료를 한다면 보통 치아가 다 나온 상태에서 하는 것이 바람직하다. 또 치아가 다 나왔을지라도 엑스레이 사진상 뿌리가 완전히 닫혀 있는 상태여야만 할 수 있다.

그리고 이보다 가장 중요한 것은 만으로 7살 정도에 교정 전문 병원에서 검진을 한번 받아보는 것이다. 이것은 아이의 평생 교정 진로를 형성하는 데 있어서 중요한 포인트가 될 것이다.

교정치료의 최적의 시기는 있다. 그 시기는 상황에 따라 다르고 종류에 따라 다르지만, 너무 늦었다고 생각할 때는 없다. 어린 시기를 놓쳤다고 하더라도 요즘은 간단하고 짧게 할 수 있는 방법이 많이 있으니 한 번쯤 방문해서 상담을 받아보길 바란다. 성인이 된 이후 교정치료를 시작하는 최적의 시기는 바로 가장 간절히 원할 때가 아닐까 싶다. 내가 말한 시기는 결국 생물학적인 최적의 시기일 뿐이지 어떤 절대적인 기준이 있는 건 아니기 때문이다.

충치가 있어도
안 아플 수 있나요?

충치가 있다고 해서 무조건 아픈 건 아니다. 초기 충치는 증상이 없는 경우가 많고 어느 정도 진행이 되어야 증상이 나타나는데, 어느 정도 진행이 되어도 증상이 없는 경우도 많이 보았다. 꼭 충치가 아니더라도 증상의 정도와 병의 진행 정도가 정비례하는 질병은 없다. 증상이 나타난다는 것, 즉 아프다는 건 질병이 발생했다는 일종의 신호이기는 하지만 그게 질병이 어느 정도 진행되었을 때 나타나는지는 일정하지가 않다. 그래서 우리는 종종 주변에서 이런 사례를 어렵지 않게 볼 수 있다. 어느 날 심장이 아파서 병원에 갔더니 협심증 중기였다든지, 속이 안 좋아서 검사했더니 위암 말기라든지 하는 경우 말이다.

질병과 통증의 관계는 조금 어려운 이야기가 될 수도 있지만, 중요한 이야기이기 때문에 간단히라도 이야기해보겠다. 흔히 질병이 바로 뇌 쪽으로 통증을 보낼 거라고 생각하는데, 중간에 면역체계라는 시스템이 또 하나 거친다. 무슨 이야기냐면 질병이 A, 면역체계가 B 그리고 뇌가 C라고 한다면, A가 생기면 일단 B와 싸운다. 그러다가 B가 질 것 같으면 C에게 통증 전달세포를 분비해서 그제야 비로소 우리는 아프다고 느낀다. 그런데 이 면역체계의 정도가 사람마다 달라서 통증의 정도가 다를 수 있다. 즉 A에서 C의 직접적인 관계가 아니라 A와 C 사이에 B라는 존재가 있다는 것이고, 그 B에 따라서 C가 달라진다는 이야기이다.

겨울방학이 시작되면 어머니들이 그동안 학업 때문에 치과에 못 왔던 학생들을 데리고 치과로 온다. 치아가 시렸다거나 아팠거나 하는 경우는 문제가 없지만, 증상이라고는 하나도 없었는데 검진한 결과 충치가 상당수 발견되는 경우는 참 난감하다. 우리 아들이, 우리 딸이 그럴 리가 없다며 도끼눈을 뜨고 쳐다보는 보호자들의 눈빛은 나를 다소 당혹스럽게 만드는데, 그나마 충치가 눈에 잘 보이는 경우는 설명하기가 편하다. 그냥 딱 보여주면 되니까. 그런데 인접면 충치라고 해서 치아와 치아 사이, 즉 치아 안쪽에 생긴 충치는 눈으로 잘 보이지 않기 때문에 말씀드리기가 참 조심스럽다.

사실 이 인접면 충치라는 것도 치과의사들 눈에는 딱 보인다.

그런데 일반 충치처럼 검정색으로 확연히 보이는 게 아니라 안쪽에 있는 충치가 비춰서 보이기 때문에 충치가 직접 보이는 게 아니라 충치의 음영이 보이는 것이다. 그러나 이런 부분을 충분히 납득할 만하게 설명해하기 어려운 부분이 있다. 또 정확한 진단을 위해 엑스레이를 찍어서 설명하기도 하지만 엑스레이 상에서 떡하니 까맣게 보여도 고개를 갸우뚱하는 경우가 많다. 그 이유는 치과를 종종 다니셨던 분들은 엑스레이 사진이 어느 정도 익숙하겠지만, 정말 오랜만에 치과에 오신 분들은 엑스레이 사진이 너무도 어려울 수 있기 때문이다. 마치 우리가 사우디아라비아 글자를 볼 때의 느낌 아닐까 한다.

그래서 나도 치과의사 초기에는 인접면 충치가 심하지 않으면 그냥 이야기만 해주고 적극적으로 치료하지는 않았다. 환자를 설득하는 게 너무 힘들고 마치 내가 과잉진료라도 하는 듯한 느낌을 지울 수 없기 때문이었다. 그러나 시간이 지나면서 그 부위 충치가 커지면서 치아가 깨지거나 처음 발견 시 충치치료로 끝낼 수 있었던 치아가 신경치료를 해야 할 정도로 악화되는 상황들을 겪으면서 조금 힘들더라도 잘 설득해서 적극적으로 치료하는 쪽으로 방향을 바꾸었다. 초기에는 환자를 의식했다면 지금은 나의 양심, 나의 원칙을 의식하고 있다. 그럼에도 더 최악의 경우가 있다. 어떤 경우냐면 충치가 뿌리 쪽에 생기는 경우가 그렇다.

치아 건강에 자만은 금물

언젠가 한번은 40대 남성분이 왼쪽 마지막 어금니가 찬물에 닿으면 시리다는 이유로 우리 치과에 내원하셨다. 이분은 증상이 없지는 않았지만, 실제 치아 상태에 비해 증상이 크지 않은 경우였다. 깊지는 않았지만 뿌리 쪽에 충치가 생겨서 아래 어금니 뿌리의 절반 정도가 흡수된 상태였다. 이 경우 치아를 살릴 수 있는 확률이 50% 정도 되는데, 환자 입장에서는 그저 치아가 시려서 온 것뿐인데 50%의 확률로 치아를 빼야 할 수도 있다고 하니 당황스러울 수밖에.

"앞에 엑스레이 사진 보이시죠? 지금 불편한 치아가 바로 이 치아예요. 이 부위가 머리 부분, 이 부위가 뿌리부분이에요. 이해되시죠? 보통은 머리 부위에 충치가 생기고 그런 경우 충치치료를 하는데, 뿌리 부위에 충치가 생겼어요. 여기 까맣게 썩은 거 보이시죠? 지금 이 어금니 같은 경우 뿌리가 두 개인데 여기 충치가 뿌리의 절반 정도를 흡수한 상태라서 일단 신경치료를 해서 최대한 치아를 살릴 거예요. 그런데 남은 뿌리가 얼마 안 돼서 치아를 빼야 할 수도 있어요."

최대한 성의 있게 설명하고 치료를 시작했지만 사실 이런 경우는 치료하는 내내 걱정이 된다. 치료했는데도 결국 발치하게 되면 고생은 고생대로 하고 시간은 시간대로 낭비한 결과가 되기 때문이다.

'건강에 있어서만큼은 자만하지 말라'는 말이 있다. 증상이 없다고 아무 질병이 없다는 게 아니다. 대체로 잔병이 있는 사람들이 건강을 생각해서 건강검진도 규칙적으로 잘 받고 틈틈이 운동하거나 비타민제나 건강보조식품 등을 잘 챙겨 먹는다. 또 과음이나 흡연 같은 건강에 해치는 일도 자중한다. 그래서 실제로 큰 병에 걸리는 일이 드물다.

치아건강도 똑같다. 잇몸이 좀 안 좋고 몇 개 어렵게 치료한 치아가 있으면 스스로 조심하고 관리도 잘한다. 그런데 본인의 치아가 튼튼하다고 믿는 경우 어느 시점에 치아가 와장창 망가져서 오는 경우가 허다하다. 증상이 없다고 절대 자만하면 안 되는 이유이다.

이 치료를 하는데
전신마취를 한다고?

2009년 3월, 마이클 잭슨은 기자회견을 열고 런던에서 〈This is it〉이라는 개인 콘서트를 열기로 발표한다. 콘서트는 50회에 걸쳐 진행될 예정이었으며, 100만 장의 티켓은 오픈한 지 네 시간 반 만에 매진되었다. 그로부터 석 달 뒤인 2009년 6월 25일 마이클 잭슨은 숙소에서 사망하게 된다. 바로 수면유도제 프로포폴 때문에 말이다.

지난 2006년 경찰대학교에 수석 입학한 Y씨(20)는 치아교정을 받기 위해 전신마취를 했다가 영영 깨어나지 못했다. Y씨는 턱관절 교정 수술을 받기 위해 서울 모 치과 병원을 찾았고 가족들은 Y씨가 컨디션이 좋지 않다는 이유로 수술을 미룰 것을 권유했으나 무리하게 수술을 강행하던 도중 갑자기 폐 경련을 일으켜 근처 종합병원으로 옮겼으나 의식불명 상태에 빠져 두 달간 입원 후에 사망했다.

가끔 인터넷 포탈이나 신문에서 심심치 않게 전신마취 후 사망한 사건을 보게 된다. 삼성서울병원 마취통증의학과 김덕경 교수 팀은 2009년 7월부터 2014년 6월까지 국내 의료기관에서 발생한 마취 관련 의료분쟁 중 대한마취통증의학회가 자문한 105건을 조사한 결과 마취 사고로 5년간 총 82명이 사망했다고 발표했다.

한 해 평균 최소 16명 이상이라는 이야기인데, 이런 소식을 접하다 보면 자연스럽게 "아, 전신마취는 위험한 거구나."라는 인식이 강하게 자리 잡게 된다. 그런데 유명인들이 전신마취가 아닌 수면치료로 사고가 나게 되면 사람들은 수면치료가 더 위험하다고 생각하게 된다. 요즘 치과에서도 수면치료를 많이들 하는데, 과연 안전할까?

위의 두 기사를 보면 전신마취든 수면마취든 위험하긴 마찬가지구나 하는 생각이 들 거다. 그래서 위내시경을 하는 사람 중에 수면으로 하지 않고 일부러 비수면으로 하는 분들도 있다. 비용도 저렴해지긴 하지만 수면치료가 주는 공포가 크기 때문이다. 담당 의사가 아무리 괜찮다고 이야기해줘도 한번 형성된 두려움은 쉽게 가시지 않는다. 하지만 그래도 많은 사람이 수면 위내시경을 한다. 그 편리함 때문이기도 하지만 이미 많은 사람이 수면마취를 안전하게 경험했기 때문이다. 그도 그럴 것이 1년에 수면 위내시경을 받는 환자가 수백만 명인데, 수면 내시경 도중 내시경 기구 조작 불찰로 인한 사고만 있을 뿐 수면마취 자체에 대한 부작용은 단 한 건도 보고되지 않았다.

그 이유에 대해 설명하자면, 일단 우리가 흔히 전신마취라고 부르는 마취에도 여러 종류가 있다는 것을 알아야 한다. 생명을 유지하는 데 있어서 가장 중요한 것은 바로 호흡이다. 호흡은 우리 가슴속에 있는 폐근육이 운동하면서 적당한 농도의 산소를 공급받아 신체를 유지시켜주는 활동인데, 전신마취 후 발생하는 99% 이상의 사고는 바로 이 호흡에 문제가 생겨서 나타난다.

기준에 따라 여러 가지 종류로 나뉠 수 있지만 설명의 편의를 위해 그 깊은 정도에 따른 3가지를 꼽자면 전신마취는 '전신마취', '깊은 수면마취', '얕은 수면마취' 이렇게 나뉜다.

첫 번째 전신마취의 경우 호흡도 하지 않는 마취상태라고 보면 된다. 자가 호흡이 되지 않기 때문에 인공호흡기를 달아줘야 하며, 이 인공호흡기를 다는 과정 중에 사고가 가장 자주 발생한다. 마취에 들어간 후 인공호흡기를 기도에 연결해야 하는데, 사람마다 기도의 위치와 모양이 다르기 때문에 통상적이지 않은 위치와 해부학적 구조를 가진 경우 시간이 지체되어 사고로 이어질 수 있다.

두 번째 깊은 수면마취의 경우 호흡은 하고 있지만 잠이 든 상태라고 보면 된다. 자가 호흡이 되는 상태이긴 하지만 얕은 수면

마취에 비해 마취 용량이 많기 때문에 호흡곤란의 여지가 충분히 있다. 수술 도중 움직임이 거의 없다는 장점이 있다. 하지만 마찬가지로 중간에 호흡곤란이 올 경우 인공호흡기를 기도에 연결해야 하는 상황이 발생할 수 있고 동일한 이유로 시간이 지연될 시 사고로 이어질 수 있다.

그리고 마지막으로 얕은 수면마취가 있다. 마취되는 정도가 가장 약한 수면마취이다. 사람에 따라서 마취 후 짧은 시간 안에 깨어나기도 하는 단점이 있지만, 가장 안전한 수면치료 방법이다. 마취 도중에 환자와 대화도 할 수 있다. '미다졸람'이라는 약물을 많이 사용하고 실제로 서울대학교 마취통증의학과 김현정 교수에 따르면 25년 동안 '미다졸람'의 적정용량을 잘 지켰을 때 단 한 건의 사고도 없었다고 할 정도로 안전한 치료법이다. 안전한 이유는 호흡 능력을 거의 건드리지 않기 때문이다.

수면마취는 환자가 선택할 수 있는 권리다

내가 처음에 얕은 수면치료를 시작했을 때 당시 이론적으로는 안전하다고 하지만 막상 사용하려니 약간 떨렸던 것도 사실이다. 나의 첫 수면치료 환자는 아직도 기억이 난다. 헛구역질이 엄청 심해서 구강검진을 위해 입만 벌려도 캑캑거리며 힘들어하던 분이었다.

사실 이렇게 헛구역질이 심한 경우 그냥 쉬엄쉬엄 치료하면 치료할 수 있다. 하지만 치료시간이 길어지는 단점이 있고 치료 기간이 길어지다 보니 부분마취가 풀리는 경우가 있어서 제2의, 제3의 마취가 필요한 경우가 많다. 또 환자가 긴장을 많이 하다 보니 집으로 돌아가서 몸살이 나는 경우도 많다. 그런 환자를 수면치료로 편하게 치료하고 나니 진료하는 나에게 역시 신세계였고, 환자도 긴장 없이 편안히 치료를 받게 되어 너무나 좋아했다.

처음 수면치료를 할 당시만 해도 치료할 게 많은 경우에만 한정 지어서 사용했다. 하지만 요즘은 꼭 치료할 게 많은 사람만 수면치료를 고집하지 않는다. 간단한 스케일링이라도 환자가 간단한 치료가 아니라고 생각하면 얕은 수면 상태에서 스케일링을 진행하기도 한다. 특히 신경치료에 있어서도 그렇고 충치치료만 진행할 때도 수면으로 진행할 때가 있다. 이렇게 하면 전체 내원 횟수도 줄일 수 있고 치료도 깔끔히 되는 장점이 있다. 하지만 무엇보다 내가 수면치료의 장점이라고 생각하는 부분은 따로 있다.

치과 치료가 불가능할 거라 생각했던 환자들 중에는 치아 상태가 워낙 안 좋은 경우가 많다. 모르는 사람들은 '그러니까 제때 치료를 받았어야지'라고 쉽게 말하지만, 직업 특성상 워낙 많은 환자를 만나기 때문에 그런 환자들의 심정을 잘 알고 있다. 제때 치료받기가 너무 힘들었던 분들이 치료가 끝나고 이제 웃을 수 있게 돼서 좋다고 말씀하실 때마다 수면치료가 아니었으면 이분들은 정말 치과 치료가 힘들었겠구나 하는 생각을 한다.

　모든 이가 수면치료를 할 필요는 없다. 하지만 수면치료가 꼭 필요한 사람은 분명히 있다. 그리고 치과에서 하는 수면치료는 안전하니 믿어도 좋다. 치과 치료가 무서운 환자들에게 새로운 경험을 안겨다줄 것이다.

사랑니는
꼭 빼야 할까요?

보통 사랑니가 나지만, 아예 안 나는 사람도 있다. 가끔 사랑니가 두 개, 심지어 세 개 있는 사람도 있다. 아주 예전 사람들의 화석을 살펴보면 사랑니가 정말 여러 개 있다. 사랑니는 일종의 진화의 잔존물로 볼 수 있다.

미국의 맨 교수에 따르면 본래 인류의 조상은 다른 포유류와 마찬가지로 고기를 날것으로 먹었기 때문에 익힌 고기보다 더 질긴 고기를 씹기 위해 더 많은 치아가 필요했고 턱도 컸다. 그래서 사랑니가 두 개씩 나 있었다.

그러나 다른 포유류와 달리 인류는 뇌가 커지는 진화를 하게 된다. 뇌가 커지는 현상은 다른 부작용을 일으켰는데, 뇌가 커지는 만큼 상대적으로 턱 사이즈가 줄어든 것이다. 거기다가 고기를 익혀 먹고 부드러운 음식 위주로 식습관이 변하면서 턱 사이즈가 점점 작아졌다. 그렇다 보니 사랑니가 날 만한 공간이 점점 부족해지게 되었고, 사랑니는 누워 나거나 급기야 사랑니가 사라지는 경우가 생기게 된 것이다. 식습관이 변하고 인류가 점점 진화하면서 요즘 아이들은 확실히 사랑니가 아예 없는 경우도 늘었다. 인류의 진화 현장을 바로 눈앞에서 보고 있는 셈이다.

나는 사랑니에 대한 굉장히 안 좋은 추억을 가지고 있다. 진화가 미처 덜 되었던 나는 사랑니를 위, 아래 양쪽 각각 하나씩 4개 다 가지고 있었고 심지어 아래쪽 사랑니는 누워 있다 못해 물구나무설 기세로 구석에 박혀 있었다.

내가 막 치과대학을 입학했을 때의 일이다. 치과대학마다 조금씩 다르기는 하지만 학년을 올라갈 때마다 성적과 실습에 있어서 요구하는 일정의 기준 점수가 있다. 성적은 일정 점수 이상만 획득하면 되고 이건 본인이 공부만 하면 되는 문제였기 때문에 괜찮은데 문제는 실습이다. 학년을 올라가기 위해선 멀쩡한 사랑니 4개, 누워 있는 사랑니 2개를 필수적으로 뽑아야 했다.

그런데 신분이 '학생'이다 보니 대개 가족을 데려오거나 친구를 데려와서 말 그대로 '실습'을 해야 했다. 멀쩡한 사랑니는 무난하게 해결이 되는데, 문제는 누워 있는 사랑니 2개였다. 인생사가 다 그렇지만 쉽게 구해지는 경우는 쉽게 구해지지만, 안 구해지면 절대 안 구해진다.

내가 신입생 때 한 여자 선배가 바로 그런 상황이었다. 미스코리아 대회에 출전해 수상할 정도로 수려한 미모에 훤칠한 키를 겸비했던 여자 선배는 학교 내에서는 모르는 사람이 없을 정도로 유명 인사였다. 대회에 출전하면서 워킹을 배운 건지 걸음걸이도 남달랐으며 애교는 또 얼마나 넘치는지 남중, 남고를 나온 내가 설레는 건 당연한 결과였다.

그 여자 선배를 지금은 이름도 기억나지 않는 모임 술자리에서 만나게 되었다. 그리고 정말 우연히 그 선배는 내 물구나무선 사랑니의 존재를 알게 되었다. 그때 당시 그 선배는 매우 급한 상황이었고, 내 사랑니는 그분에게 빛과도 같은 존재였나 보다. 나와 친한 동기에게 몇 마디 물어보더니 말을 걸어왔다.

"혁권아, 누나가 내일 밥 사줄게. 네 그 사랑니 내가 뽑게 해줘. 어때? 누나가 치료비도 다 내줄게. 응?"

'누나'라는 말이 좀 걸리긴 했지만, 밥도 사준다길래 어영부영 엄마 따라가는 아기오리 마냥 순순히 따라갔다. 다음 날 선배는 약속한 밥도 사주어서 같이 먹었다. 꽤 근사한 곳에서 말이다. 근데 셋이서 먹었다, 선배 남자친구와 같이.

그래도 그때가 행복했다는 걸 그때는 몰랐다. 그걸 알게 된 것은 치료 시작 후 30분쯤 지난 뒤였으니까 말이다. 레지던트 선생님이 구멍포를 덮은 채 낑낑대고 있던 여자 선배에게 한마디했다.

"야, 너. 이거 네가 뽑을 수 있겠어? 이거는 완전 심한 사랑니라서 학생들 케이스는 아닌 거 같은데? 이거 어떡하냐? 도와주고 싶긴 한데 오늘 교수님이 좀 깐깐하셔서 네가 직접 하긴 해야 할 거야. 음, 좀 걱정이네. 일단 해봐."

그리고 30분이 더 흘렀다. 그 여자선배는 여전히 낑낑대고 있었고 나는 얼굴 한쪽의 감각이 완전히 마비된 채 침을 질질 흘리고 있었다. 그때 알았다. 치과 체어에 오래 누워 있으면 뒤통수가 눌려서 아프다는 것을.

같은 자세로 계속 누워 있다 보니 피가 한쪽으로 쏠려서 내 몸이 내 몸이 아니었다. 중간중간 레지던트 선생님이 오셨는데 "어때? 할 수 있겠어?" 말만 하다 가시곤 했다.

그러다 한번은 누워 있는 나를 흔들면서 괜찮으냐고 물었는데, 내가 대답을 "호우아우에요(도와주세요)" 했더니 못 알아듣고 그냥 가시기를 몇 번 반복하더니 진심으로 이성의 끈을 놓을 때쯤 오셔서 쑤욱 뽑아주셨다. 그게 아마 치료 시작한 지 3시간 가까이 되었을 때일 거다.

나도 당연히 힘들었지만, 3시간 동안 낑낑댄 선배 역시 녹초가 된 상태라서 딱히 화를 내지도 못했고 그럴 힘도 없었다. 그렇게 내 첫 사랑니는 꽤 스펙타클하게 뽑혔다.

사랑니를 빼지 않아도 되는 경우

사실 이렇게 힘들게 사랑니를 뺐다는 이야기는 주변에서 흔히 접할 수 있다. 그렇다 보니 환자들이 막연히 사랑니를 빼면 엄청나게 아프다고 오해하는데 절대 그렇지 않다. 소문이란 것은 딴 사람만 소리 내고 다니는 주식시장 같아서 하나도 안 아프게 쉽게 뺀 사람들은 조용하지만 힘들게 뺀 사람들만 동네방네 하소연하고 다니기 때문에 사랑니를 아프게 뺀 이야기만 들을 뿐이다.

물론 염증이 심한 경우나 사랑니가 썩어서 아픈 경우라면 사랑니 발치 후 아플 수도 있지만 평균적으로 100명의 사랑니를 뺐을 때 심한 통증을 호소하는 환자는 한 명 정도라고 보면 된다. 그 한 명이 사랑니를 뺐더니 너무 아프다고 얘기하고 다니는 것이다.

모든 사랑니를 당연히 발치할 필요는 없다. 똑바로 잘 나 있으면 절대 뺄 필요가 없는데 전제조건이 하나 있다. 관리가 잘되어야겠다. 대개 치과의사들이 사랑니를 빼라고 추천하는 이유는 사랑니 특성상 치아 맨 끝에 있다 보니 양치도 잘 안 되거니와 양치를 꼼꼼히 하려고 하면 사랑니의 위치상 혀뿌리와 구개 쪽에 가깝기 때문에 헛구역질이 나오게 된다. 그렇다 보니 소극적으로 닦게 되고 그 결과 사랑니와 그 앞 치아 사이에 음식물이 끼면서 그 앞 치아까지 같이 손상되는 물귀신 현상이 나타나기 때문에 미리미리 뽑으라고 하는 것이지 절대 사랑니가 쓸모없는 치아인 것은 아니다. 다른 치아를 뽑게 되었을 때 사랑니를 식물 옮기듯 재식하는 시술은 논외로 하더라도 말이다.

또한, 조건만 맞으면 교정적으로 잘 활용하는 방법도 있고 발치 교정을 하는 경우 발치된 치아로 인해 줄어든 면적을 뒤쪽의 사랑니가 보충해주기도 한다. 마지막으로 여러 이유로 뼈 이식술을 시행해야 하는 경우 사랑니를 이용해서 뼈 이식 재료를 만들 수도 있다. 치과의사마다 의견이 다르겠지만, 개인적으로 나는 이렇게 만든 뼈 이식재를 선호하는 편이다. 이러한 여러 이유 때문에 사랑니라고 해서 무조건 빼는 건 아니다.

임신 중 치과 치료,
어떻게 하죠?

출산을 경험한 여성들은 심히 공감하겠지만, 임신하면 엄청난 몸의 변화가 일어난다. 굳이 의학적 지식이 없어도 자연스럽게 알 수 있다. 일단 화장실을 자주 가게 된다. 또, 전반적으로 체온이 올라가고 소화가 잘 안 되며 피부까지 안 좋아진다. 이 모든 것이 호르몬 변화 때문이다.

이 호르몬의 변화로 구강 환경도 크게 바뀌는데, 바로 잇몸이 굉장히 약해진다는 점이다. 그 때문에 약간의 자극에도 잇몸에 피가 나거나 치아가 흔들리는 증상이 나타난다. 그리고 구강 내 염증이 쉽게 생길 수 있다. 이 염증은 태아에게 안 좋은 영향을 미칠 수 있기 때문에 문제 발생 시 조기 치료가 굉장히 중요하다. 하지만 실상 환자들의 잘못된 인식 때문에 치료를 시행하지 않는 경우가 많다. 더욱이 요즘은 난임 부부가 증가하는 추세이다 보니 임신 중 치과치료를 더욱 멀리하는 경향이 있다.

나 역시도 유산이나 기형아 유발 등의 이유로 임산부의 치과치료에 대해서는 조심스러운 견해를 가지고 있었다. 약물이나 방사선 사진 촬영의 유해성이 의심되어 출산 후로 치료 시기를 미루거나 최소한 임신 중기(임신 13주~26주)로 미루어서 치료를 진행하고는 했다. 그런 나에게 뜻밖의 일이 생겼다.

우리 치과 근처에 수녀회에서 기금을 모아 조성된 OO기관이 생겼다. 그 기관은 경제적으로나 기타 여러 사항으로 어려움을 겪고 있는 미혼모들에게 물질적, 정신적 도움을 줌으로써 궁극적으로는 미혼모들의 자립을 돕는 자선기관이었는데, 아무래도 우리 치과와 거리가 가깝다 보니 그곳에 입소해 있는 미혼모들이 우리 치과에 많이 방문하게 되었다.

그런데 어느 날은 나이가 많이 어린 임산부가 울먹이면서 왔다. 배가 상당히 불러 있는 상태여서 굳이 환자에게 임신 몇 주냐고 묻지 않아도 임신 후기임을 알 수 있었다. 내가 입을 열기도 전에 말을 한다.

"선생님, 저 너무 아파요. 흑흑. 어제는 한숨도 못 잤어요. 치료가 지금 안 된다는 거 같은 방 쓰는 언니한테 들어서 아는데 제발 어떻게 좀 해주세요. 네? 흑흑."

생각이 복잡해졌다. 이 어린 환자의 임신주수는 36주라서 한 달만 있으면 출산하는 명백한 임신 후기이다. 자궁 근육의 불규칙한 수축으로 몸이 딱딱해져 있으며 자궁이 커져서 횡경막을 압박한다. 즉 조금만 긴장해도 숨 쉬는 게 곤란해질 수 있다. 따라서 이때의 치과 치료는 호흡 곤란의 위험성이 있을 수 있으며 이는 조산으로까지 이어질 수 있으므로 응급이 아니면 치료를 하지 않는 게 원칙이다.

그런데 내 앞에 앉아서 울고 있는 환자는 응급 환자였다. 당장 치료를 해야 했다. 임신 전부터 방치했던 치아가 썩어서 뿌리 끝에 고름이 잡혔고 그 결과 잇몸도 퉁퉁 부어 있었다. 당연히 치료하는 게 맞지만, 한 선배가 했던 이야기가 주마등처럼 스쳐 지나갔다.

"임산부는 치료하는 거 아니다. 나중에 네가 독박 쓸 수 있다. 가급적 애 낳고 치료하거나 안전한 시기에 해라."

이런저런 생각이 많았지만, 도저히 그녀를 그냥 돌려보낼 수는 없었다. 독박을 쓰든 광박을 쓰든 나중에 생각하기로 했다. 통상적으로 신경치료를 진행했고, 엑스레이를 찍으면 더 좋지만 혹시나 하는 마음에 엑스레이는 찍지 않았다. 가장 안전한 약을 처방해주고 혹시나 증상이 심해졌을 경우 입원 후 항생제 투여에 대해서도 설명해줬다.

임신 중에도 치과 치료를 받아야 하는 이유

이 환자가 다녀간 뒤 혼자 많은 생각을 했다. 치료하는 게 맞았을까? 그렇게 치료하고 조산할 수도 있는 상황이 더 안 좋은 건 아니었을까? 한참을 고민하다 내린 결론은 '치료하는 게 맞다'였다. 임신 후기에 치과 치료를 하는 이유는 산모가 받는 스트레스 때문인데 치료를 하지 않을 경우 통증으로 인한 스트레스가 더 클 게 자명했기 때문이다.

2010년 보건복지부에서 발표한 임산부의 치과 치료 지침이 내 의견을 뒷받침해주고 있다. 거기에 따르면 임신 중 치과 치료는 임신 중기에 하는 것을 장려하지만, 임신 초기나 후기에 치료를 받을 때 유산이나 조산의 위험성이 있다는 명백한 근거가 없고 오히려 치료를 받았을 때 얻는 이득이 치료를 받지 않았을 때의 손해보다 훨씬 크기 때문에 증상이 있으면 치료를 받아야 한다고 한다. 더구나 소송의 천국인 미국에서조차 15년간 1만5천 명의 치과의사에게 조사한 결과 임신 기간 내 치과 치료 후 유산 등에 의한 소송은 단 한 건이었으며 이것 또한 관계가 없다고 결론이 났다고 한다.

방사선도 그렇게 걱정할 정도는 아니다. UN방사선 영향과학위원회 연구에 의하면 우리가 1년 동안 일상생활을 하면서 자연적으로 받는 방사선량이 2.4mSv(방사선단위) 정도라고 한다. 즉 텔레비전을 보거나 음식물을 먹거나 숨만 쉬어도 자연 방사선의 형태로 몸에 방사선이 축적되는데, 이 방사선이라는 게 꼭 발전소 근처에 가거나 엑스레이를 찍을 때만 나타나는 게 아니라 생선에도 있고 고기에도 있고 우주로부터 받는 자연적인 방사선이 있는데 그 수치가 2.4mSv이다. 그에 반해 치과 엑스레이 사진 중 가장 많이 찍는 치근단 촬영의 경우 방사선량이 0.003mSv이다. 대략 자연방사선량의 800분의 1 정도이고, 이는 텔레비전을 2시간 30분 동안 시청했을 때 받는 방사선량 수준이다. 그리고 전체 병·의원의 피폭량 중에서 치과가 차지하는 비중이 0.3프로 정도밖에 안 된다고 하니 주의만 하면 충분히 안전하게 치과 치료를 받을 수 있다.

임산부의 치과 치료가 얼마나 중요한지 예를 들어서 설명하도록 하겠다. 담배를 피우는 여성과 잇몸병이 있는 여성 둘 중에 누가 더 조산 확률이 높을까? 놀랍게도 담배보다도 치주염을 앓는 경우 조산의 위험이 더 크다. 담배가 안전하다는 말이 아니라 치주염이 그만큼 임산부에게 안 좋다는 것이다.

2014년 대한치주과학회는 임신 도중 치주염은 일반 산모에 비해서 7.5배나 높은 조산율을 보인다고 발표했다. 임신 도중에는 태아의 상태에 따라 호르몬의 변화가 자연스럽게 일어나는데, 그 변화를 구강내 염증이 방해함으로써 조산을 야기한다고 한다.

새로운 생명을 잉태하고 출산한다는 것은 굉장히 아름답고 경이로운 일이다. 그리고 어느 때보다 건강에 신경 써야 할 때이기도 하며, 구강건강 역시 마찬가지이다. 임신을 계획한다면 반드시 미리 치과 검진을 하는 게 좋고, 행여나 임신 중에도 증상이 발생하면 절대 주저하지 말고 치과 치료를 받기를 추천한다.

5장

믿을 수 있는 치과는
무엇이 다른가

치과에 처음 간다면
명심해야 할 3가지

가끔 치과가 처음인 분들을 만나게 된다. 많지는 않지만, 그래도 종종 뵙는다. 꼭 치아 상태가 좋아서 처음인 분들만 있는 게 아니라 상태가 매우 안 좋은데도 처음 방문인 경우도 많다. 치과 통증에 대한 막연한 공포 때문일 수도 있고, 개인적으로 시간이 안 나서일 수도 있고, 또 비용이 많이 나올까 봐 걱정하다 보니 그런 경우도 있다. 어쨌든 이번에는 당신이 치과에 처음 방문한다고 가정할 때 어떻게 해야 하는지에 대한 이야기를 하고자 한다.

치과마다 조금씩 다르지만, 보통의 순서를 먼저 이야기해보자면 처음 치과를 방문하면 뭘 적는다. 이름이랑 주민등록번호부터 시작해서 어떻게 알고 왔는지도 묻고 소개로 왔다면 어떤 분 소개로 왔는지를 적는다. 그리고 일단 상냥하게 생긴 아가씨가 볼펜을 들고 와서 다시 한번 확인을 한다. 이게 접수라는 과정이다.

그리고 진료실로 들어간다. 필요에 따라 원장이 엑스레이 사진이 필요하다고 판단할 경우 구강 전체가 나오는 일명 파노라마 엑스레이를 찍고 상담을 위해 DSLR 카메라로 입안을 찰칵찰칵 찍기 시작한다.

그 후 원장이 다시 와서 의료적인 질문을 한다. 접수할 때 여기가 불편하다고 했는데 맞느냐부터 시작해서 언제부터 통증이 있었는지, 통증의 종류는 어떻게 되는지, 다른 부위는 괜찮은지를 묻는다. 또한, 복용하는 약물이 있는지, 이전에 치과에 언제 갔는지, 왜 갔는지를 묻는다. 다른 치과에 가봤는지 여부도 묻는다. 이게 진단 전 준비라는 과정이다.

이 두 과정이 끝나면 드디어 진단을 한다. 진단을 간략히 요약하자면 지금 환자에게 정확히 어떤 무슨 문제가 있는지(상황 파악) 그리고 왜 이런 문제가 생겼는지(원인 파악), 이 문제를 어떤 식으로 풀어가야 하는지를 고민하고(해결 파악), 이 문제를 해결하지 않으면 앞으로 어떤 문제가 생기는지, 혹은 이 문제를 해결하면 어떻게 변하는지(결과 파악)를 엑스레이 사진, 구강 사진, 환자와의 대화, 직접 눈으로 보기, 만져 보기, 필요시 장비를 통한 검사 등을 통해 도출해나가는 일련의 과정이다.

그러고 나서 몇 가지 치료 방법, 혹은 한 가지 치료 방법이 도출되면 의사 또는 상담실장과 상담을 하게 된다. 치과에서 행해지는 치료 방법은 굉장히 다양하고 또 눈에 안 보이는 부분이 많기 때문에 각종 영상 장비와 실제 치료한 사례를 보여주면서 환자의 이해도를 높이는 과정이다. 그러고 나면 치료 방향과 치료 금액 및 치료 시기가 결정된다. 이게 상담이라는 과정이다.

상담이 끝나면 상담할 때 결정했던 치료 시기에 따라서 비로소 치과 치료를 시작하게 된다. 치료 전에 환자는 오늘 무슨 치료를 어떻게 할 것인데 마취를 할 것인지 말 것인지, 시간은 얼마나 걸릴 것인지, 치료받은 후의 주의사항에 대해 듣게 되고 치료를 진행하게 된다. 그리고 다음번 치료 약속을 잡는다. 치료 약속은 그날 이루어지는 치료의 종류, 즉 마취 여부나 소요되는 시간 등등을 체크해서 잡게 되고 그 이후에 이어지는 모든 치료는 동일하다.

이렇게 말로 쓰면 별거 아닌 거 같지만, 실제로 이 상황에 놓이게 되면 정신이 없다. 특히 치과 치료의 특성상 직원이든 원장이든 환자에게 매우 가까이 다가온다. 일명 'Personal private zone'이라고 하는데, 미국의 문화인류학자 에드워드 홀(Edward T. Hall)은 그의 저서 〈숨겨진 차원〉에서 프로세믹스(proxemics) 즉, 인간의 공간사용법에 대해 4가지 유형을 제시했다. 그중에 가장 가까운 거리가 밀접한 거리이다. 이는 0~46㎝ 미만으로, 촉감이 소리보다 우선 자각되는 거리이다. 그러므로 언어보다 촉각, 후각 등의 감각이 소통수단이 되며, 가족이나 연인처럼 친밀도가 가장 높은 관계에서의 거리다. 따라서 그렇지 않은 관계임에도 이 정도 거리로 좁혀지면 움츠러들고 긴장하며 불안해하면서 위협으로 받아들여질 수 있다. 즉 이 거리는 자기방어를 위한 최소한의 거리이므로 함부로 침범해서는 안 되는 것이다.

그렇지만 치과에서는 그 거리를 완전히 무시하고 들어와 버리기 때문에 순간적으로 당황하게 되고 이성적인 판단이 어려운 경우가 있을 수 있다. 특히 여성 환자들은 더욱 그러할 수 있다. 치과에 몇 번 방문해봤다면 적응돼서 그나마 나을 수 있는데 처음 방문했다면 내가 아무리 괜찮다고 지금은 보기만 할 거라고 혹시라도 자극적인 행동을 하게 되면 미리 말씀드린다고 해도 온몸이 긴장되어 있다.

그래서 정말 치과 방문이 처음이라면 딱 이것 세 가지만 생각하면 된다. 첫째가 비용, 두 번째가 시간, 세 번째가 통증의 유무이다. 그리고 두 군데 이상의 치과를 가볼 것을 추천한다. 그 이상을 갈 경우는 추천하지 않는다. 오히려 혼란만 가중될 것이다.

첫 번째 치료비의 경우 내역서를 작성할 수 있으면 좋다. 그걸 직접 작성할 수도 있고 병원 측에서 작성할 수도 있다. 두 번째 시간은 일단은 치료가 완전히 끝나는 시기를 말한다. 치료를 받을 때 그때그때 걸리는 시간보다도 총 얼마나 걸리는지가 중요하다. 마지막으로 통증의 유무에 관해 설명하자면 치과 치료는 사실 통증이 그렇게 심하지 않다. 다만 통증이라는 게 언제 아플지 모르고 있는 상태에서 갑자기 아프면 더 아프게 느껴진다. 그러고 나면 그 뒤로도 계속 긴장하게 된다. 따라서 언제 아플지만 알아도 통증에 관해서 훨씬 편해진다. 치료 시작 전에 오늘 치료는 통증이 있는지, 마취를 하는지 물어보고 통증이 있기 전에 말해달라고 부탁드리는 것을 추천한다.

그리고 할 수만 있다면 내가 알려준 순서대로 이미지 트레이닝을 해보길 권한다. 대략 머릿속으로 상상해보는 거다. 치과문을 열고 들어가서 시작되는 일련의 과정들을. 그러면 당신이 실제로 치과에 들어갔을 때 훨씬 덜 당황하게 되는 효과가 있을 것이다.

누구를 위한
치료인지 생각한다

윤오영의 '방망이 깎던 노인'이라는 수필을 기억하는가? 주인공이 귀갓길에 버스시간이 조금 남아 노인에게 방망이 한 벌을 부탁했더니 방망이를 깎고 또 깎던 노인. 한참을 깎고 또 깎다가 초조해진 주인공이 이제 그만 깎아도 되겠다는 말에도 개의치 않고 곰방대에 담배를 담아 태우며 묵묵히 계속 깎던 노인. 버스 시간 다 됐다며 빨리 달라고 하던 주인공에게 되려 "다른 데 가 사우. 난 안 팔겠소"라고 내뱉던 노인. 그 노인이 그려지는가? 다분히 한국적 정서를 잘 표현한 작품이어서 누구나 그 노인에게 경외감을 표함에 이의가 없을 것이다.

요즘 말로 장인정신이라고 표현되는 그 정신은 사회 전반에 걸쳐 요구되는 경우가 많은데, 의료계에서도 마찬가지로 요구되는 덕목이다. 하지만 다른 한편으로는, 그러니까 냉정히 생각해보면 그 자세는 높이 평가하지만 내가 만약 방망이를 사야 한다고 하면 그 노인에게 살 것 같지 않다. 너무 오래 걸리기 때문도 있지만, 모양이 항상 달라지기 때문이다.

환자의 상황과 여건도 생각하는 치과

종종 이런 환자도 온다. 잔주름이 유난히도 많던 50대 아주머니가 오셨는데 한쪽으로만 씹으니 불편해서 반대쪽 이를 하러 오셨다고 한다. 검사를 하고 엑스레이를 찍어 보니 원래는 양쪽 다 이가 없었는데 한쪽은 치아를 새로 한 상태였다. 치료한 흔적으로 보아 몇 년은 되어 보이는데 그 모양이며 주변 뼈 상태를 보니 깔끔하게 치료가 매우 잘 되었다. 하지만 후속 치료가 이행되지 않아 다른 치아들 상태가 좋지 않았다. 왜 계속해서 치료를 안 받았을까 궁금해하며 이야기를 꺼내보았다. 환자가 이전 치과로부터 받았던 느낌과 감정은 우리에게 굉장히 중요한 정보이기 때문이다.

"오늘 오른쪽 위에 어금니 치료받으러 오셨는데 치료 이야기하기 전에 먼저 어머님 상태부터 설명해드릴게요. 지금 보면 예전에 치료한 왼쪽 부분은 치료가 아주 잘 되어 있어요. 뼈 상태도 매우 좋아요. 그런데 오른쪽 치료가 이어지지 않다 보니까 나머지 치아들이 조금씩 안 좋아졌어요. 하실 때 같이 안 받은 이유라도 있나요?"

상태가 좋다는 말을 듣고 기분이 좋아진 아주머니는 웃으며 이야기를 꺼낸다.

"호호, 이쪽은 잘 쓰고 있어요. 이전 원장님이 너무 꼼꼼하게 잘해주셨어요."

그러더니 갑자기 인상을 살짝 찌푸리신다.

"근데 너무 꼼꼼하다 보니까 시간이 2년이나 걸렸어요. 그때 제가 엄청나게 고생해서 다음 치료를 받아야 하는데 안 갔어요."

사연인즉슨 이랬다. 뼈가 너무 없어서 치아를 빼놓고 몇 달을 기다리고 그 후에 뼈 이식을 해놓고는 1년, 그리고 인공치근을 심어놓고 몇 달을 기다리다가 인공치근에 보철물을 씌우기까지 8개월, 이렇게 총 1년 8개월이 걸렸다는 거다. 그러다 보니 반대편을 치료할 엄두가 안 나셨던 것이다. 그래서 차일피일 미루다가 다른 치아가 망가지니 이래선 안 되겠다 싶어 정말 큰 용기를 내어 치과에 다시 방문하셨다.

그래도 이렇게라도 와주면 치료가 더 어려워지지 않고 추가적인 시술도 들어가지 않으니 괜찮다. 환자의 마음도, 또 그 전 원장님의 마음도 충분히 이해한다. 빨리 끝내고 싶은 환자의 마음과 원칙대로 완벽하게 하고 싶은 원장님의 마음이 상충한 것이다. 다만 이게 의료인의 욕심은 아닐까 하는 생각이 든다. 요즘은 치료

기간이 좀 더 짧은 치료 방법들이 많이 나와 있기 때문이다. 다만 그 방법들이 충분한 기간 검증을 거치진 않았기 때문에 걱정스러운 부분이 있는 건 사실이지만, 그 검증기간에 관한 규정은 사실 너무나 예전에 만들어져서 지금의 의료 환경과는 다소 맞지 않다는 의견이 분분하다.

1958년 미국의 의사 바질 이삭 헬슈위츠(Basil Isaac Hirschowitz)가 유리섬유로 만든 내시경을 처음으로 시도했을 때 그를 따르는 의사들도 많았겠지만 원칙적으로 개복수술을 고집하던 의사들은 그를 얼마나 비웃었을까? 지금처럼 화질도 좋지 않고 오진도 많았을 텐데 말이다. 원리원칙대로 개복해서 직접 보고 수술하면 좋을 텐데 말이다.

하지만 요즘은 위내시경 및 장 내시경이 너무나 보편화되어 있다. 수면으로 진행하기도 하지만 비수면으로도 많이 한다. 입원도 필요 없이 30분이면 끝나는 아주 간단한 시술이다. 내시경 도중 장 파열이라든가 하는 부작용은 있을 수 있지만, 그런 단점보다 장점이 훨씬 큰 시술이다 보니 지금처럼 보편화된 것이라 할 수 있다.

소형카메라 기술의 발달로 화질이 좋아져서 선명한 영상으로 마치 직접 보는 듯 시술하게 되었고, 간단한 용종이나 낭들은 중간에 바로 시술하기도 한다. 장인정신만으로는 이루기 힘든 인류의 성과이다. 원칙주의라는 미명하에 시대에 뒤처지는 일은 없어

야 한다고 생각한다. 나는 의료는 평생의 작품을 만드는 작업이
아니라 매번 할 때마다 동일한 결과를 내는 일상이 되어야 한다고
생각한다.

의사와 환자 사이에
오해가 생기는 이유

    누구나 병원을 찾을 땐 정확한 진단과 정확한 치료를 받기를 바란다. 하지만 애석하게도 그러지 못한 경우가 종종 있다. 본인이 겪었을 수도 있고, 포털 사이트에 '병원 오진'이라고만 쳐도 수많은 글이 올라온다. 어느 병원에 갔더니 한 달이 넘도록 낫지 않던 병이 이상해서 다른 병원으로 옮겼더니 일주일 만에 나았다더라, 그 병원에서 지어준 약을 먹었더니 병이 더 심해졌다더라 등등 말이다.

    지역마다 유명한 엄마들 커뮤니티가 있는데, 일명 '맘카페'라고 한다. 인터넷에 올라오는 병원 관련 글들에 광고성 글이 많다고는 하지만 모두가 다 그렇지는 않다. 특히 불만 관련 글들은 더욱 그렇다. 종종 이런 글들을 볼 수 있다.

다음 사례는 실제 경기남부지역 인터넷 커뮤니티에 올라온 글이다.

지난 토요일부터 애가 기침하고 그렁그렁해서 월요일 8시에 그나마 근처에서 잘한다는 소아과에 가서 두 시간 기다려서 진료를 봤는데 청진기를 대보던 의사 말이 단순 기침 감기라 금방 나을 거라고 했어요. 기침할 때 폐에서 소리가 나는 것 같다고 모세기관지염이나 폐렴 아닐지 물었는데도 괜찮다고 며칠 약 먹이고 이상하면 다시 오라고 하더라고요.

집에 오니 열도 나고 기침은 더 심해지고 처음 겪는 일이라 해열제도 얼마 없고. 거기다 설사까지 했어요. 다음 날 아침 일찍 대학병원에 갔네요.

그런데 외래 보는 쌤이 하는 말이 입원해야 한다고, 숨쉬기 힘들어한다고, 큰일 나겠다고.

이미 애는 열에 기침에 숨도 쉬기 힘들어서 고개를 옆으로 늘어뜨리고 있었구요 ㅜㅜ

모세기관지염 같다고 바이러스 검사를 해보니 보카바이러스라고 하네요;;;

독감 증상도 아닌데 기침할 때 소리가 이상하면 더 심해져서 병 키우기 전에 대학병원에 가야 한다는 걸 배웠네요 ㅠㅠ

오진에 애꿎은 기침약만 먹고 애만 잡았어요.

애가 기침을 해서 소아과에 갔더니 단순 감기라고 했는데 점점 심해져서 대학병원에 갔더니 바이러스라고 결과가 나왔다는 이야기이다. 왜 그 동네 소아과 의사는 몰랐을까? 나름 근처에서 잘한다고 소문이 난 소아과인데 말이다. 정말 오진일까?

의사와 환자에겐 신뢰와 소통이 필요하다

치과에서도 이런 환자들을 종종 만나게 된다. 대학교수였던 56세 환자분도 그랬다. 다른 치과에서 치료를 받다가 도저히 통증이 개선되지 않아서 우리 원으로 방문하셨다. 치료받은 치아도 개수가 상당하고 치료받은 기간도 꽤 되었다. 그전 치과에 대한 신뢰가 완전히 무너져 있었다. 내가 아무리 치료를 잘해주더라도 이미 치과의사에 대한 불신이 크기 때문에 잘 치료를 받으실지 매우 조심스러웠다.

"원장님, 제가 뭐 블랙컨슈머나 그런 건 아니고요. 보면 아시겠지만, 저는 그냥 안 아프게만 하면 좋겠는데 그게 안 돼서 답답해서 그래요. 저는 진짜 아픈데 치료받은 병원에 가서 얘기하면 거기 원장님은 아무 이상이 없대요. 그저 치료가 잘됐다는 말만 반복하시니 이거 화가 안 나게 생겼습니까? 제가 마음 같아서는 그 병원을 엎어버리고 싶은데 뭐 지역 사회에서 그래 봤자 득 될 것도 없고, 중간에 제가 이사를 와버려서 거리도 멀어졌고요."

옆에 있던 직원들이 환자의 "엎어버린다"는 말에 긴장했다. 그리고 얼굴색도 안 좋아진다. 피하고 싶은 환자라는 느낌이다. 하지만 환자 입장에서는 화가 날 법했다. 진짜 아픈데 의사가 안 아프다고 하면 화가 날 수 있다. 나는 그냥 덤덤히 이야기했다.

"네, 당연히 화가 날 수 있어요. 환자는 이상이 있다고 느끼고 또 불편한데 병원에서는 이상이 없다고만 하면 답답하고 기분이 나쁘죠. 이해합니다. 그런데 그 원장님이 치료하지 못한 부분이라면 저 역시도 치료 못 할 수 있어요. 통증이라는 게 주관적인 부분이 있고 모든 치료에 백퍼센트는 없으니까요. 대신에 치료를 천천히 진행하면서 저와 이야기를 많이 나누셔야 할 거예요. 제가 환자가 겪는 통증은 해소 못 해 드릴 수 있지만, 통증에 대해 공감하고 이해는 시켜드릴게요."

상당히 방어적인 진료 태도이다. 처음부터 내가 치료를 못할 수도 있다고 선을 그어놓고 대신 '이런저런 문제면 해결해드릴 수 있을 것 같다'고 진료적으로는 가능한 범위를 설명해드렸다. 설령 치료가 안 되더라도 환자가 갖는 지금의 답답함은 해결해주겠다는 설명이다. 그나마 이렇게 부드럽게 관계를 설정해놓으니 환자도 다소 편안해했고 어두웠던 직원의 얼굴도 밝아졌다.

전체 엑스레이 및 구강검진을 시작했다. 검진해보니 전에 한 치료는 굉장히 잘되었다. 정성을 들인 흔적도 보이다. 다만 치료한 부위가 아닌 다른 부위에 문제가 생긴 것이었고 통증의 특성상 만성화, 즉 시간이 오래되면서 이게 치아가 아픈 건지 근육이 아픈 건지 구분이 안 되다 보니 환자는 치료한 치아가 잘못되었다고 판단한 것이었다. 치료한 의사 입장에서는 당연히 치료한 치아는 상태가 괜찮으니 치료는 잘되었다고 말한 것이었다. 그러한 이유로 환자와 의사 사이에 불신이 생긴 듯했다. 통증의 원인이었던 다른 부위를 잘 치료하면서 그 전 원장님의 누명을 벗겨드릴 수 있었다.

앞서 이야기했듯이 의료가 모든 것을 해결해주진 못한다. 그래서 의사의 말에는 숨은 의미가 많이 있다. 예를 들어 소아과 의사의 "감기인 것 같네요."라는 말에는 "다른 바이러스성 질환인 가능성도 5% 정도 있고 폐렴 가능성도 10% 정도 있는데 75% 정도로 감기 증상과 거의 유사하다."는 뜻이 내포되어 있다.

하지만 저 긴 말을 곧이곧대로 했다간 환자 입장에서는 이해도 안 되거니와 여기 원장은 실력이 없구나 라는 인식만 줄 수 있기 때문에 간단명료하게 '확진'을 하게 되고, 정말 낮은 확률로 '오진 아닌 오진'인 결과를 낳게 되는 것이다.

병원에서 주고받는 것은 비단 진료뿐만이 아니다. 신뢰와 소통은 그 무엇보다 중요한 부분이다. 그리고 그 신뢰와 소통은 의사가 일방적으로 하는 것이 아니고 환자와 보호자가 같이하는 것이다. 그러한 신뢰와 소통이 이루어지게 되면 간혹 진료기간이 길어지거나 불편해지더라도 서로 감정 상하는 일 없이 건강한 관계를 유지할 수 있다.

양치질이야말로
돈 들여 배워야 한다

우리는 초등학교 때부터 혹은 유치원 때부터 양치질 교육을 받았다. 성인이 된 지금도 각종 매체를 통해 양치하는 방법을 배우고 있다. 그중 누구나 한 번쯤 들어봤을 듯한 3.3.3법칙도 있다. 하루 세 번 식후 3분 이내에 3분 동안 양치질하는 습관을 뜻한다. 이런 교육은 양치질 자체가 중요하다는 인식을 심는 데는 매우 성공적이었다.

그러나 치과의사 입장에서 볼 때 이것은 마치 70년대 새마을 운동을 보는 것 같다. 무슨 말이냐면 개발도상국에서나 해야 할 캠페인과 같은 교육을 하고 있다는 말이다. 이제 뛰는 법을 가르쳐야 하는 아이에게 아직도 일어서는 법을 가르치고 있다. 물론 치과 관련 책자들을 보면 양치질하는 방법에 대해서 그림까지 곁들여 너무도 친절히 설명하고 있다. 심지어 양치질하는 방법에 대한 동영상이 걸려 있는 치과 홈페이지도 쉽게 찾아볼 수 있다. 인터넷 포탈에 양치질하는 법만 검색해도 수많은 방법이 나온다.

하지만 단언컨대 그걸 보고 양치질을 할 수 있는 사람은 아무도 없다. 이것은 마치 자전거를 글로 배울 수 없는 것과 비슷하다. 동영상만 보면 자전거를 탈 수 있을 거라 생각되지만, 정작 자전거를 타면 넘어지기 일쑤이다. 자전거는 결국 타면서 배워야 한다. 옆에서 잡아주는 아빠가 있어야겠다.

양치질도 똑같다. 직접 하면서 배워야 한다. 물론 옆에서 봐주는 사람이 있어야겠다. 생활 습관도 중요하고 무슨 음식을 먹는지도 중요하지만, 역시나 기본 중의 기본은 양치질이다. 하지만 그 기본인 양치질을 모르는 사람이 너무도 많다.

다발성 치아우식증이라는 질환을 가진 50대 여자분이 오셨다. 크게 손상돼서 빼야 할 정도로 심각한 상태의 치아는 없었지만, 충치가 여러 군데 있었다. 이런 충치를 다발성 치아우식증이라고 부른다. 보통 40대가 넘어가면 치아가 단단해지면서 충치는 잘 안 생기고 잇몸질환이 생기는데, 다발성 치아우식증인 경우 나이에 상관없이 충치가 잘 발생한다. 이 환자분은 충치가 20개도 넘었다. 앞니도 다 상해 있었고 몇몇 치아들은 신경치료도 진행했던 터라 치과에 자주 와야 했고 치료 기간도 길었다.

하지만 오실 때마다 항상 치료 전에 나와 "화이팅" 하며 하이파이브를 하셨던 매우 긍정적인 성격의 소유자셨다. 그런데 뜻하지 않은 문제가 발생하고 말았다. 길고 힘든 치료 기간이 끝나갈 즈음 환자 남편분이 지방 발령을 받게 되어 이사를 하게 된 것이다. 치료할 게 남은 상황이었지만, 나머지 후속 치료들은 이사 가는 쪽 치과에서 마무리하기로 환자와 이야기를 마쳤다.

그 후 몇 달이 흘렀을까, 그 환자분이 다시 오셨다. 반가운 마음에 치료는 잘 마무리되었는지, 그 뒤로 불편한 건 없는지 묻자 환자가 짜증 섞인 목소리로 얘기한다.

"아니 그쪽에 가서 치료를 다 끝냈는데 그 뒤로 입안이 계속 텁텁하고 피도 나요. 요즘은 글쎄 냄새도 난다니까요? 아, 정말 속상해죽겠어요."

환자의 그 깊은 불쾌감에는 비단 치아 문제뿐 아니라 남편의 '발령'이라는 다른 환경적 요인도 작용했음이 분명했지만, 그 다른 요인은 치과의사인 내가 어찌해볼 요량이 없기에 치아에만 집중하기로 한다.

"치료받고도 계속 안 좋아서 힘들었다니 제가 다 속상하네요. 그래도 제가 봐야 무슨 말씀인지 정확히 알 것 같아요. 일단 입안을 볼게요."

치료는 나쁘지 않았다. 보철물 틈새도 빈틈이 없었고 충치가 남아 있지도 않았다. 다만 음식물 찌꺼기가 치아 군데군데 고여 있는 것이 문제였다. 제거되지 않은 음식물 찌꺼기는 하루만 지나도 악취를 풍기고 잇몸에 염증을 일으킨다. 염증과 악취로 환자는 텁텁함을 느끼고 피도 났던 것이다. 그 원인은 양치질이 제대로 안 되어서 그렇다. 하지만 다 큰 성인에게 양치질이 잘 안 된다는 말을 하기가 조심스럽다. 마치 발음이 틀렸을 때 지적하는 기분이 든다고나 할까. 여하튼 그래도 이야기를 한다.

"지금 양치가 잘 되는 편인데요, 방법을 조금 바꾸면 더 좋아지실 거 같아요. 저랑 같이 거울 보면서 한번 해볼게요."

처음에는 자세 잡는 것도 힘들어하시더니 몇 번 그 느낌을 익히게 하니 금세 잘한다. 그리고 몇 번의 도전(?) 끝에 정말 많이 좋아졌다. 환자는 이제까지는 기분이 개운해지는 양치질을 했다면 이제 치아가 개운해지는 양치질을 하게 되었다고 말했다.

그 뒤로 거리가 멀어서 다시 방문을 못하는 관계로 양치질이 얼마나 잘 되고 있는지는 알 길이 없지만, 이제는 원인이 무엇인지 알았으니 문제가 생기더라도 충분히 해결할 수 있으리라 생각한다.

하지만 아직도 많은 사람이 양치질하는 방법을 잘 모르고 있다. 소를 잃어야 외양간을 고치는 우리네 사회 특성도 한몫했겠지만, 그 어떤 치과 치료만큼이나 시간을 할애해야 하고 신경을 써야 함에도 터무니없이 낮은 수가로 책정하고 또 평생에 단 한 번밖에 적용되지 않는 등의 잘못된 의료 정책으로 치과의사들의 양심에만 그 책임을 떠넘기는 정부 역시 정의롭지 못하다. 오히려 그 어떤 심미적 시술보다 중요한 치료 행위임에도, 또 예전과 달리 보다 정확한 기구들이 등장하고 진단체계가 잡혀 있음에도 그에 상응하는 비용을 요구할 시 의료법 위반이라는 무시무시한 프레임을 씌워버리는 현실이 개탄스러울 뿐이다.

기억하자. 평생에 딱 한 번 치과에서 양치질을 유료로 배울 수 있다. 그 뒤로도 요청할 순 있지만, 그 후에는 치과에서 그냥 무료로 배우는 거다. 그리고 양치질은 절대 공짜로 배우는 아무것도 아닌 진료가 아니다. 그 어떤 비보험 치료보다 더 중요한 진료이다.

치과 치료는
골프와 비슷하다

세상에는 참으로 많은 나라가 있고 한 국가 내에서도 다양한 사람이 존재한다. 그리고 사람들의 직업군도 제각기 다르다. 직업뿐만이 아니라 각자 삶을 살아가는 방식 역시 어떤 정답이 있는 것이 아니라 다양하다. 원래 가지고 있는 유전자가 다르고 살아온 환경이 다르므로 당연한 결과이다.

예술을 업으로 삼는 사람들은 작품 자체를 목표로 두고, 사업을 업으로 하는 사람들은 매출 증진을 목표로 삼는다. 이렇게 너무나 다양하고 수많은 삶과 방식이 있지만, 간간이 서로 비슷한 부분이 있다. 그것의 일맥상통함이 너무나 구체적일 때가 있어서 깜짝 놀랄 때가 있다.

치과 진료는 어찌 보면 운동 중에 골프와 비슷한 부분이 많다. 둘 다 공통적으로 좋은 결과를 두는 것에 목표를 두고 있고 다른 사람이 도와줄 수 있는 부분이 아니라 라운딩을 하는 사람이, 진료하는 원장이 직접 해야만 하는 일이라는 점이 일치한다. 또, 금방 끝나지 않고 여러 번에 걸쳐서 정성을 쏟아야 좋은 결과가 나온다는 점도 일치한다. 마지막으로 둘 다 선택과 집중이라는 큰 그림 안에서 이루어진다는 점이 일치한다.

치료할 때는 베스트샷이 아니라 유효샷을 노려라

골프라는 운동을 잘 모를 수도 있기 때문에 모른다는 전제하에 가볍게 설명하자면, 골프는 지름 42.67mm, 무게 45그램의 골프공을 다양한 길이의 골프채를 이용하여 티박스에서 치기 시작해서 그린이라고 불리는 곳의 지름 107.95mm의 홀에 집어넣는 운동이다. 홀의 위치에 따라서 파3, 파4, 파5까지 있으며 숫자가 커질수록 티박스에서 홀의 위치가 멀다고 보면 된다. 한 경기당 보통 18개의 다양한 파3, 파4, 파5가 있으며 경기마다 한 개의 홀이 부과된다.

홀의 모양이나 거리 또 다양한 특성으로 인해 각기 다른 공략법이 있기는 하겠지만, 일반적인 개념은 일단 적당히 길게 치고, 약간 정확히 중간 정도로 치고, 마지막으로 매우 정확히 짧게 치는 크게 세 가지 과정으로 이루어진다. 그걸 골프 용어로 표현하면 첫 번째가 드라이버, 우드, 두 번째가 어프로치, 마지막으로 세 번째가 퍼팅이다.

숫자로 표현하자면 예를 들어 티박스에서 홀까지 거리가 300미터라고 가정했을 때 처음부터 300미터를 노리는 경우보다는 일단 볼을 드라이버로 200미터 정도까지 날린 다음에 남은 100미터도 어프로치 아이언으로 95미터 정도로 날린 다음에 볼이 홀까지 몇 미터 안 남았을 때 퍼터라는 채를 이용해서 그때는 정말 홀에 넣겠다는 생각으로 신중을 기해서 치게 된다. 이것을 다른 말로 표현하자면 '선택과 집중'이다.

처음에 날리는 드라이버 샷은 어느 정도 큰 범위를 그려서 대략 저 정도 위치면 되겠다고 날려 보내는 것이다. 그리고 두 번째 샷에서는 조금 더 공략 포인트가 좁아지긴 하지만 여전히 이 볼을 정확히 어느 지점에 놓겠다는 생각보다는 근처에 붙이겠다는 생각으로 날려 보낸다. 마지막으로 볼이 홀 근처에 왔을 때는 비로소 이 볼을 저 홀 안에 정확히 넣겠다는 생각으로 볼이 밀려들어가는 거리와 볼이 나아가야 하는 방향을 정확하게 재고 또 잰 다음에 날린다.

치과 진료도 이와 비슷하다. 모든 진료의 순간마다 최고의 집중력을 쏟아붓지는 않는다. 자칫 그랬다간 정작 집중해야 할 순간을 놓칠 수 있다. 환자에 대한 치료가 결정되면 치료 전에 미리 머릿속으로 그려본다. 이걸 먼저 하고 그다음에 이걸 이렇게 하고 마지막으로 이걸 이렇게 하자고 생각하면 가장 집중해야 하는 순간이 생기고, 그 순간에 최선을 다해야 나중에 결과가 좋다. 물론 다른 순간에 집중을 안 한다는 말은 아니고 상대적으로 유연하게 생각을 가지고 가야 한다는 말이다.

골프의 경우에도 절대 무리한 계획을 세우지 않는다. 다른 말로 표현하자면 유효샷을 계속 날리는 계획을 세워야지 베스트샷만 고집하다간 나락으로 빠져드는 지름길이기 때문이다. 이것도 치과 진료와 일맥상통한다. 진료 계획을 세울 때 절대 무리하지 않는 게 결과도 좋다. 하지만 가끔 이런 환자들을 만나고는 한다. 한번은 이런 적이 있었다.

"지금 이건 충치가 너무 심해요. 다 제거하고 나면 거의 뿌리밖에 안 남을 것 같아요. 그래도 살릴 수는 있는데 5년 이상 생존률이 20%밖에 안 될 듯해요."

사실 20%가 안 된다고 말씀드리는 건 거의 힘들다고 판단되어서 하는 말인데, 환자들은 이럴 땐 참 긍정적이 된다.

"그럼 그 20%의 가능성을 믿으면 안 될까요? 원장님께서 최선을 다해주면 되잖아요. 원장님만 믿겠습니다. 최대한 5년 이상 생존할 수 있게 부탁드립니다."

성공률 20%라는 이야기는 거의 동일한 상황에서 100개를 치료했을 때 20개는 성공했지만, 80개는 실패했다는 이야기이다.

그렇다고 그 80개의 케이스가 절대 내가 대충했다거나 성의 없이 해서 그렇게 된 것은 아니다. 나름 최선을 다했음에도 워낙 안 좋은 상황이다 보니 그런 결과가 나오는 것이다.

사실 의사로서 그런 상황에서 성공하는 게 나름의 의미는 있다. 어려운 케이스를 잘해냈을 때의 뿌듯함 같은 거 말이다. 그런데 원장의 뿌듯함 때문에 환자를 상대로 실험할 수는 없겠다. 성공한 20명에게는 기적이지만, 실패한 80명에게는 괜한 고생이었다는 생각이 드는 게 어쩔 수 없는 결과니까. 그래서 치료할 때는 유효샷을 날려야 하는 것이지 절대 처음부터 베스트샷을 노리면 안 되는 것이다.

6장

좋은 치과를
선택하는 방법

좋은 치과의사를 고르는 5가지 방법

1. 환자의 말에 귀 기울여주는 의사

치과에서 표현하는 감각은 세 가지이다. '부었다'와 '아프다' 그리고 '느낌이 다르다'이다. 여기에서 '아프다'의 경우 숫자로 아픈 강도를 적어 내기도 한다. 최고로 아픈 게 10, 하나도 안 아픈 게 0이라 했을 때 지금 아픈 게 어느 정도나 되는지 말이다. 그런데 종종 이 세 가지 이외의 감각을 얘기하는 환자들이 있다. 한번은 한 환자분이 이런 표현을 했다.

"어젯밤부터 오른쪽 어금니가 꽉 조여와요. 이거 좀 풀어줄 수 없나요?"

사실 진료하는 입장에서는 다소 난해한 표현이다. 조인다는 느낌은 피부나 근육 같은 부위에 통각신경이 활성화될 때 나타나는 감각이기 때문이다. 치아는 경조직이기 때문에 조인다는 느낌을 받을 수가 없다.

그렇다면 환자가 거짓말을 하는 걸까? 물론 아니다. 환자는 본인이 느끼는 통증의 표현을 그렇게 한 것뿐이다. 실제로 잇몸이 안 좋아져서 눌리는 경우 조이는 느낌과 비슷한 통증을 느끼게 된다. 이 환자 역시 잇몸 질환이 있었고, 환자는 본인이 겪은 느낌 중에 가장 비슷한 느낌으로 표현한 것이었다.

하지만 이렇게 환자가 범주 외의 감각을 이야기하면 치료하는 의사는 그 말을 무시하고 지나치는 경우가 많고 오직 질환에만 집중하게 된다. 환자가 느끼는 불편감은 치아가 조이는 감각인데 의사는 잇몸치료에 관한 이야기만 하게 되는 것이다.

병을 고치는 맥락에서는 당연한 수순이다. 특히 잇몸치료를 하게 되면 환자가 느끼는 이상한 감각은 저절로 낫기 때문에 따로 이야기하지 않는다. 그러나 환자 입장에서는 치아가 조이는 느낌 자체가 일반적이지 않기 때문에 불편하고 혹시 시간이 지나면서 질환이 커지지 않을지 불안한 마음이 들기 때문에 치료를 받으면서도 반신반의하는 경우가 많다.

그래서 처음부터 환자의 말을 잘 들어주는 의사가 좋은 의사이다. 그리고 환자의 말에 공감해주는 의사가 좋은 의사이다. 흔히 일상생활을 하면서도 의사 전달이 잘못되어 곤란한 일을 겪기도 하는데 하물며 의료라는 주제를 가지고 의사소통을 하다 보면 더욱 그럴 수 있다. 그러므로 소통은 좋은 치과의사의 첫 단추라고 할 수 있겠다.

2. 내 부모형제처럼 치료하는 의사

2016년을 떠들썩하게 했던 사건 중에 옥시 가습기 살균제 사건을 빼놓을 수 없다. 그리고 2017년 1월 6일 존리 옥시 전대표에게 1심 재판부는 무죄를 선고한다. 재판부는 "제품 안전성을 의심할 만한 보고를 받았다고 볼 증거가 부족하다. 보고 관계에 있는 외국인 임원들에 대한 수사가 이뤄지지 못했다"며 무죄를 선고했다. 검찰 수사가 유죄를 선고하기에 부족했다는 것이다.

당연히 인터넷 댓글에는 재판부를 비난하는 글들이 주를 이뤘다. 미국에서 벌어졌으면 상상도 못할 판결이다, 세월호보다 더 심각한 사건이다 등등. 그중에 댓글 하나가 눈에 들어왔다.

"판사님 자식이 똑같은 일을 겪었어도 그 같은 판결을 내렸을지 궁금합니다."

일선의 많은 치과의사가 다 비슷한 고민을 하겠지만, 나 역시도 치료를 결정할 때 고민이 될 때가 있다. 특히 나이가 어린 환자이거나 멀리서 찾아온 환자라면 더욱 그렇다. 한번은 교복을 입고 온 14세 중학생 아이였는데 선천적으로 영구치가 없는 상태에서 유치만 남아 있었다. 그런데 그 유치가 충치가 심해서 빼야 하는 상황이었다. 교정해야 하는 케이스가 아니라서 유치를 빼게 되면 통상 이를 해야 하는데 문제는 나이가 너무 어리다는 것이었다. 치료 방법이 A, B 두 가지가 있었는데 둘 다 좋은 방법은 아니었다.

한참을 고민한 뒤 이런저런 사항들을 고려해서 B방법으로 결정하고 보호자 분께 설명한 뒤 치료를 시작하게 되었다. 보호자 역시 나에게 치료를 받았던 환자여서 B방법에 안 좋은 면이 있음에도 흔쾌히 동의해주셨다.

그렇지만 문제는 치료하는 내내 내 마음이 불편했다는 것이었다. "아, 나이가 너무 어린데 괜찮을까? 앞으로 몇 년을 써야 하는데 꼭 이 방법밖에 없었을까?" 하는 생각이 계속 들어 치료하는 내내 마음이 편치 않았다.

그런데 어느 순간 나를 그 상념으로부터 편안하게 해준 계기가 있었다. 그것은 바로 "만약 내 딸이었으면 어떻게 했을까?"하는 생각이었다. 나에게도 딸 하나 아들 하나가 있다. 그런데 우리 딸이 이 소녀만큼 자라서 똑같은 상황이라면 똑같이 진료할 수 있을까 하는 가정을 하면서부터는 그렇게 마음이 편해질 수가 없더라는 것이다.

비단 딸에게만 해당하는 이야기는 아니다. 아버지가 될 수도 있고 동생이 될 수도 있고 누구나 될 수가 있다. 만약 당신이 내 가족이라도 똑같이 치료할 수 있을까 생각해보는 것은 환자에게도 치과의사에게도 너무나 좋은 마음가짐이 아닐까 한다. 그것은 좋은 치과의사가 되는 두 번째 길이라고 생각한다.

3. 모든 환자를 기억하는 의사

우리는 늘 다니던 곳이 아니라면 보통은 식사시간에 손님이 많은 식당을 맛집이라 생각한다. 식당뿐만 아니라 미용실에 가거나 술집에 가더라도 동일한 방법으로 판단한다. 많은 사람이 찾는 곳에는 분명히 이유가 있다. 겪고 나면 너무 만족하는 경우가 많고, 꼭 그 정도는 아니더라도 소위 '기본'은 하는 경우가 대부분이다. 이러한 습관 때문에 병·의원을 갈 때도 비슷하게 판단하는 경우가 많다. 아무래도 환자가 많은 병·의원이 좋은 병·의원이라 인식해서 그런 병·의원을 찾고 또 그런 곳을 선호한다.

환자들이 많이 찾는다는 건 그만큼 그곳에 무언가 좋은 점이 있다는 뜻이다. 그게 가격이 되었든 진료가 되었든 서비스가 되었든 사람들이 만족하니까 사람이 붐비는 것이다. 여기까지는 기정사실이지만 내가 알려주고 싶은 부분은 조금 다르다. 무언가 있는 것은 맞지만, 환자가 많아지면 그만큼 환자 한 분 한 분에 대한 기억과 집중도가 떨어지게 된다. 그러다 보면 실수가 발생할 확률도 커지기 마련이다. 절대 비약이 아니다. 실제로 이런 현상과 관련한 사건들이 언론에서도 많이 보도되었지만 사람들 인식이 쉽게 바뀌지 않을 뿐이다. 식당과 병·의원을 동일한 방법으로 고르는 것이다.

그러나 식당과 병·의원은 다르다. 사람도 많고 실제로 맛도 있어서 가족들이 단체로 단골식당이 있다고 생각해보자. 늘 다니던 곳인데 어느 날은 음식에서 수세미 조각이 발견되었다. 지배인을 불러서 수세미가 나왔다고 이야기하자 지배인은 죄송하다며 연신 사과하고 음식값을 받지 않겠다고 한다. 썩 내키지는 않지만, 이 정도 사과를 받았으면 됐다 생각하고 마무리를 짓는다. 하지만 다음부터는 그 식당에는 잘 안 가게 된다. 아무래도 찜찜하니까. 정리하자면 식당은 아무리 단골이라도 불미스러운 일이 생기면 안 가면 그만이다.

또 가정을 해보겠다. 당신 가족이 한 치과에 다니고 있다. 치료를 받고 있는 도중이다. 그런데 어느 날 오른쪽 이를 빼야 하는데 의사가 깜빡하고 왼쪽 이를 빼버렸다. 항의하니 죄송하다며 연신 사과하고 치료비를 받지 않겠다고 한다. 이런 경우라면 어떻게 반응하겠는가?

치과에 환자가 많은 것보다도 원장이 여러분을 아는지가 중요하다. 환자가 너무 많은 경우 의사가 기억하지 못할 수도 있다. 식당주인이 손님을 알 필요는 없다. 음식만 맛있게 먹으면 된다. 하지만 치과원장은 환자를 알아야 한다. 어떻게 그걸 확인할 수 있을까? 매우 간단하다. 당신은 아는 사람을 만날 때 어떻게 하는가? 눈을 보며 인사한다. 똑같다. 치과 원장과 눈을 마주치며 인사해

라. 여러분을 아는 치과의사라면 같이 눈을 마주치며 인사할 것이다. 너무 바쁜 원장이라면 눈 마주칠 새도 없고 당신을 기억할 수도 없다.

4. 기본을 지키는 의사

치과가 많아지다 보니 너도 나도 차별화를 두겠다며 이런저런 광고를 한다. 각종 언론에, 인터넷에, 심지어 일간지에까지 말이다. 양심적인 가격이라며 광고하고 새로 나온 신기술이라며 광고하고 값비싼 최신 기계를 들였다고 광고하고, 큰 규모와 화려한 인테리어를 광고한다. 마지막으로 가장 친절하겠다고 광고하기도 한다.

이런 화려한 광고와 포장 속에서 우리가 잃지 말아야 할 기본이 무엇인지 떠올리게 된다. 그리고 그 기본은 병원 입장이 아닌 철저히 환자 입장이 되어야만 생각할 수 있다.

환자는 아프지 않았으면 하는 마음, 치료가 잘되었으면 하는 마음, 치료가 어떻게 되고 있는지 알고 싶은 마음, 치료 비용이 투명했으면 하는 마음이다. 병원은 이러한 마음을 존중해야 한다. 그리고 그 마음을 알기에 해야 할 기본은 다음과 같다.

의료인은 글러브를 껴야 하고 마스크를 써야 하고 의료복을 입어야 한다. 그것들은 당신을 세균으로부터 보호해준다. 또 의료인은 이름과 직책이 적힌 명찰을 차야 한다. 그것은 당신이 진료에 책임을 지고 임함으로써 최선을 다하게 한다.

마지막으로 의료인은 진료 전에는 무슨 진료를 하는지 말해줘야 하며 진료 후에는 무슨 진료를 했는지 말해줘야 한다. 그것은 당신의 치료에 대한 투명성을 반영한다. 그리고 어떻게 치료가 되어가고 있는지를 알려준다.

내가 치료를 받더라도 친절하지만 마스크와 글러브를 안 끼는 의사보다 좀 불친절하고 무뚝뚝하지만 글러브와 마스크를 낀 의사에게 치료를 받고 싶다. 아무리 친절한 치과가 많고 치과 코디네이터가 있고 치과가 서비스업이 되었다고는 하지만, 결국 치료를 잘 받는 게 가장 중요한 게 아닐까 싶다. 치과 인테리어가 아무리 고급지고 최첨단 기계를 쓰고 코디네이터가 아무리 상냥하더라도 그건 장막 같은 거다. 그 화려해 보이는 장막을 걷어내고 기본이라는 본질을 바라보길 바란다.

5. 의사, 환자 둘 다 절대 모르는 진료궁합

진료궁합이 있다는 얘기는 아마 처음 들어봤을 거다. 사실 이 이야기는 지극히 나의 주관적인 이야기가 될 수도 있다. 하지만 나는 진료궁합이라는 게 실제로 있다고 본다. 내가 경험하기도 했고 옆에서도 정말 많이 봐왔다. 그렇다고 무슨 과학적인 근거가 있다거나 하는 건 아니다. 오직 경험적으로 얻어진 결론이다.

진료궁합이란 말 그대로 환자와 의사 간에 보이지는 않지만 합일되는 어떤 성향이다. 대체로 이게 좋거나 중간 정도면 진료가 무난히 잘 끝나곤 한다. 그런데 정말 가끔 이 궁합이 안 맞는 조합이 있다. 어려운 상황도 아니고 특이한 케이스도 아닌데 유난히 진료가 잘 안 풀리고 통증이 남아 있고 환자도 불편해하는 그런 일이 벌어진다. 이것은 명칭 그대로 남녀 간의 궁합과 비슷하다. 남녀 간에 관계가 아무리 좋아도 궁합이 안 좋을 수 있는데, 마찬가지로 환자와 의사 간에 사이가 아무리 좋아도 진료적으로 안 맞는 경우가 있다. 문제는 이게 눈으로 보이거나 실체가 있는 게 아니어서 환자나 의사 둘 다 인정하기가 쉽지가 않다는 것이다. 그래서 이런 경우 둘 다 고생하는 경우가 종종 있다.

몇 년 전의 일이다. 거래하는 세무서 사무실에서 일하는 직원의 소개로 다른 직원분이 오셨다. 집이 우리 치과에서 좀 멀었는데 치아에 약간 문제가 생긴 상태였다. 위쪽 어금니를 다른 치과에서 신경치료를 하던 중이었고, 그 치과를 8개월 동안이나 계속 다녔는데 여전히 통증이 남아 있어서 마무리를 못하고 있는 상황이었다.

해당 치아를 살펴보니 치료는 깔끔하게 잘 진행되고 있었다. 전혀 모르는 환자인 경우 다시 그 치과로 가시라고 정중히 말씀드리지만, 우리와 거래하는 업체 직원이다 보니 환자께 "최선을 다

하겠지만, 저 역시도 똑같을 수 있다."며 실패 가능성에 대해 충분히 얘기하고 치료를 시작하게 되었다.

나는 직업 특성상 다양한 사람들을 만나게 되는데 가장 기분이 좋을 때가 이런 때이다. 다른 데서 고생하다가 나에게 와서 치료가 잘 마무리되는 경우이다. 이분 역시 명확한 이유는 알 수 없지만 치료가 잘 마무리되었고, 고맙다며 본인이 직접 담근 술 한 병을 선물로 주셨다.

대한민국 대기업 중 하나인 OO기업은 다른 대기업과 마찬가지로 서울에 대형 종합병원을 가지고 있다. 종합병원이다 보니 당연히 치과병원도 있다. 시설은 말할 것도 없거니와 교수 출신들로 이루어진 우수한 진료팀도 갖추고 있다. 최첨단기계에 최고의 의료진으로 이루어진 그 치과병원에 흔치 않은 환자가 찾아온다. 바로 그 기업 총수가 환자로 왔다. 1년 전에 받은 임플란트에 문제가 생긴 거다. 그런데 치료를 받았는데도 문제가 계속 잡히지 않았다. 결국, 이 기업 총수는 다른 치과에 가게 된다. 그리고 얼마 지나지 않아 기업 관계자는 무관하다고는 하지만 해당 치과병원은 대폭 축소 수순에 들어갔다.

2012년도에 일어난 이 일은 치과계에서 꽤 흥미로운 이야깃거리였다. 해당 기업 총수가 임플란트에 문제가 생겨서 치과를 축소한 것인지, 아니면 정말 무관한 건지는 논외로 하더라도 해당 치과병원의 의료진 실력에 정말 문제가 있었을까? 약품을 안 좋은 것을 썼을까? 그곳이 어떤 기업인데 그런 의료진을 썼을까? 설마 저품질 재료를 썼을까? 절대 그렇지 않았을 것이다. 진료에도 당연히 문제는 없었을 것으로 생각된다. 약품이야 말할 것도 없겠다.

모든 것을 과학적으로 입증하고 증명할 수 있으면 좋겠지만, 아직 우리는 모르는 게 더 많다. 그중 하나가 진료궁합이라고 생각된다. 진료궁합이 맞는 치과의사를 찾으라는 이야기는 아니다. 사실 진료궁합에 대해서는 거의 생각하고 있지 않아도 된다. 다만 진료궁합이 맞지 않는 경우가 있다는 것을 알려주고 싶다.

치료를 계속 받고 있는데도 개선되지 않고 오히려 악화되어가는 경우라면 그 원장님의 실력이 부족해서나 기구가 안 좋아서가 아니라 단지 궁합이 안 맞아서 그런 걸 수 있다는 얘기를 하고 싶다. 처음부터 궁합이 안 좋아서 문제가 생긴 건데 다른 이야기 계속해봤자 서로 감정만 안 좋아지고 시간만 낭비할 뿐이다. 그 시간에 차라리 다른 원장님을 찾는 게 나을 수 있다.

가깝고 편한 곳이
최고의 병원이다

주로 다니는 치과가 있는가? 그렇다면 집에서 그 치과까지의 거리는 어떻게 되는가? 자가로 운전하는 경우라면 그나마 낫지만, 버스나 지하철을 타야 할 경우 치과에 방문하기까지 꽤 시간이 소요된다.

우리가 주변에서 흔히 볼 수 있는 고혈압이라던가 당뇨로 병원에 가는 경우 보통 그 주기가 짧으면 한 달, 길게는 몇 달에 한 번 정도로 다소 규칙적이다. 그리고 물리치료나 수술을 하지 않는 경우 단순 약 처방이 많아 진단 첫날 증상이 어느 정도 호전되는 경우가 많다. 그래서 내과적 질환의 경우 다소 병·의원과 거리가 있어도 원래 다니던 곳으로 꾸준히 다니는 성향이 있고 환자 본인의 정보가 그 병원에 축적되어 있기 때문에 굳이 옮기는 위험을 감수하지 않는다.

하지만 치과적 질환은 성격이 좀 다르다. 요즘은 컴퓨터로 디자인하고 컴퓨터로 제작하는 캐드캠 기술이 발달해서 하루 만에 치료를 다 할 수 있다고 하지만, 되는 환자가 있고 그게 안 되는 환자가 있다. 설마 모든 환자가 다 하루 만에 된다고 주장하는 치과의사가 있다면 사기꾼이다. 즉 그게 안 되는 환자의 경우 통상적으로 한 달에 여러 번 내원해야 한다. 특히 가장 흔한 치료인 신경치료의 경우 큰어금니 기준 통상 2~3일 간격으로 3번에서 5번 정도 내원해야 한다.

그러다 보니 내원하는 치과와 거리가 멀면 그만큼 짧은 시간 내에 치과에 시간을 할애해야 하니 부담이 된다. 특히 필요에 따라서 증상 체크만 하는 경우가 있는데, 이 경우 치료 시간이 3분 내외이다 보니 내가 이러려고 여기까지 왔나 하는 자괴감마저 든다. 자동차를 구매하더라도 근처에 a/s센터가 있는지 여부를 판단하고 브랜드를 결정하는데, 하물며 본인 몸에 관한 건데 당연히 거리도 생각해야 한다. 특히 고령일수록 더욱 그렇다.

무리한 치과 진료 계획은 위험하다

국내 굴지의 자동차 대기업 재경부에 과장으로 있는 고등학교

동창인 친구가 있다. 몇 년 전에 갑자기 전화가 와서 묻는다.

"우리 어머니 이가 많이 안 좋아. 나도 몰랐는데 며칠 전에 치과에 모시고 갔다가 깜짝 놀랐어. 치아를 8개나 빼야 한대. 근데 거기서 바로 하기는 좀 그렇고 너한테 물어보고 하는 게 나을 것 같아서 전화했어. 혹시 근방에 추천할 만한 치과 있니?"

친구의 부모님은 경기권이 아닌 호남지방에 살고 계셨다. 개인적으로 친분이 있는 치과는 많았지만, 내가 친한 치과보다는 실력과 서비스 면에서 더 믿을 만한 치과를 소개해주었다. 그렇게 소개해준 치과로 가는가 싶더니 다음 날 다시 전화가 왔다.

"야, 그러지 말고 그냥 네가 해주면 안 돼? 그래야 내가 마음이 편할 거 같아. 나 절대 깎아 달란 말 안 할게. 나도 대략적인 비용은 알고 있으니까, 그렇게 하자. 응?"

고등학교 졸업 후 사회생활을 하면서 다소 소원해지긴 했지만, 꽤 친했던 친구였다. 그리고 개인적으로 마음의 빚을 지고 있던 친구여서 갈등이 많이 되었다. 그렇지만 감정이 이성을 누르는 순간 사고가 나는 법이기에 천천히 설명해주었다.

"연로하신 분께서 그렇게 먼 거리를 왔다 갔다 하면 병난다. 나도 너희 부모님 치료해주고 싶은 마음이 굴뚝 같긴 한데 정말 미안하다. 치료야 자신 있지만, 오며가며 엄청나게 고생하실 거야. 그러면 너는 해주고도 욕먹을 심산이 크다. 미안하다."

이 말을 듣고도 한 번에 포기하진 않았지만, 계속되는 설득 끝에 친구는 내 마음을 읽었다.

이렇게 내가 생각하고 이야기하는 이유는 장거리 고령환자를 치료해보았기 때문이다. 바로 우리 부모님이다. 아버지와 어머니 두 분 다 치료를 받으셨는데, 아버지는 임플란트 4개에 씌우는 치료 10개 정도를 하셨고 어머니는 임플란트만 18개를 하루에 다 하셨다. 다행히 뼈 상태가 좋아서 치료 시간이 두 분 다 오래 걸리진 않았지만, 문제는 내원 횟수였다. 임플란트 수술은 한 번에 가능했지만, 치료해야 할 치아가 많다 보니 임플란트 위에 크라운을 올리는 작업을 한 번에 끝내기는 다소 벅찼다. 무리하게 시도했다가 오류라도 나면 오히려 내원 횟수를 한 번 더 늘리는 꼴이 되니 안전하게 세 번에 나누어 진행하게 되었다.

그러다 보니 일반 임플란트 하나 심었을 때 내원 횟수가 2번에서 많아 봐야 4번 정도인데 우리 부모님은 7번이나 내원하게 되었다. 지금이야 KTX도 있고 SRT도 있어서 서울에서 부산까지 2시간대밖에 안 걸릴지만, 그때는 4시간 가까이 걸렸던 시절이다. 게다가 집에서 역까지 가는 시간과 또 역에서 우리 치과에 오는 시간까지 하면 5시간 이상이 걸렸다.

그러다 보니 한번 왔다 가시면 부모님이 힘들어하는 게 너무 눈에 보였다. 결국, 치료가 다 끝나고 나서 부모님께 넌지시 물어보았더니 자식이니까 이렇게 멀리 다녔지 아니면 못할 노릇이었다는 이야기를 듣고 많은 생각을 하게 되었다. 우리 부모님도 이렇게 생각하는데 하물며 다른 환자는 어떻겠는가.

물론 시간을 다시 되돌린다 해도 우리 부모님은 내가 치료해드릴 거다. 또 몇 년이 흘렀기 때문에 그때의 나와 지금의 나는 다르다. 지금이라면 한두 번의 내원만으로도 치료를 끝낼 수 있을 것 같지만 그건 내 부모님이기 때문에 가능한 치료 계획이지 일반 환자들을 상대로 하기에는 다소 무리가 있는 치료 계획이다. 그리고 치료에는 그런 무리수를 두지 않는 게 좋다.

요즘도 가끔 원거리에 있는 환자들에게서 치료 문의가 들어온다. 주변에 치과가 많아질수록 치과 고르기가 점점 힘들어지는 아이러니한 현상 때문이다. 이런저런 이유로 문의가 들어오지만, 거리가 너무 멀면 정중히 사양하고 가까운 치과로 가시기를 추천한다. 치과는 마음 편히 갈 수 있어야 한다. 멀리 있는 치과에 가면 갈수록 무리한 치료 계획을 세우게 되고, 무리한 치료 계획은 장기적으로 보았을 때 바람직하지 않다. 당장은 아무 문제가 안 생기지만, 시간이 지나고 그 눈에 보이지 않는 작은 문제가 축적되면 나중에 큰 문제가 발생할 수 있다.

그럼에도 이런저런 이유로 원거리에 있는 치과에 가야 한다면 개인적으로 1시간 정도로 제안할 것을 추천한다. 1시간인 이유는 어떤 정확한 근거가 있는 것은 아니고 내 환자들을 보면 1시간 정도 거리였을 때는 크게 무리가 되는 것 같지 않았고, 또 고령환자라 하더라도 크게 힘들어하지 않는 것을 보았기 때문이다. 즉 가장 가성비가 좋은 거리인 것 같다.

그리고 이 모든 것은 환자가 60세 이상일 때 해당된다. 50대라면 중간 정도만 신경 써도 될 거 같고, 40대는 조금만 신경 써도 되고, 30대 아래는 이런 제약은 아예 신경 안 써도 될 것 같다. 내 환자 중 가장 원거리가 뉴질랜드와 캐나다이다. 둘 다 임플란트 환자였지만, 30대였다. 물론 하루에 다 끝내긴 했지만 말이다.

기록하고 검토하고
준비하는 의사를 만나라

한번은 아내가 외출했는데 차가 막혀서인지 도착할 시간이 되었는데도 오지 않았다. 집안에는 나와 6살배기 딸아이만 있었다. 아내와 전화 통화를 해보니 근처 마트에서 장을 봐야 해서 30분 정도 늦는단다.

"희원아, 엄마가 장 좀 본다고 30분 정도 늦는다는데 출출하니까 아빠가 새우볶음밥 맛있게 만들어줄까?"

거실에서 인형놀이를 하고 있던 딸아이가 고개를 들고 말한다.

"아니요, 엄마 올 때까지 기다릴게요."

잠시간의 정적이 흘렀지만, 딸아이의 옳은 선택에 마음속으로 박수를 쳤다. 그리고 딸아이는 잠시 뒤에 온 엄마의 맛있는 저녁

밥을 먹을 수 있었다.

여러분은 어떤가? 저렇게 여섯 살 아이도 엄마가 아빠보다 음식을 잘하는 걸 안다. 그래서 지금 당장 배가 고프지만, 조금 기다려서 엄마 밥을 먹고 싶은 것이다. 마찬가지로 무엇을 배운다거나 어떤 의뢰를 한다거나 할 때 잘하는 사람에게 맡기고 싶은 건 당연한 이치 아닐까 한다. 특히 치료를 받는다는 것은 본인의 몸에 손을 대는 것이기 때문에 더욱 그러하겠다. 그런데 도대체 잘한다는 건 어떻게 알 수 있을까? 도대체 무얼 보고 그걸 확인하느냐 이 말이다.

예전에는 거주지의 변화가 크지 않았다. 태어난 곳에서 자라고 자란 곳에서 취업도 하고 결혼도 하고 살았다. 그래서 그 시기에 병·의원을 알아보는 방법은 그냥 동네 사람에게 물어보는 것이었다. 딱히 묻지 않더라도 그때 당시는 지역 내 모임이 많았기 때문에 이런저런 이야기를 하면서 자연스럽게 정보를 얻었다. 그리고 지금처럼 병·의원이 난립하지도 않았을 때라 크게 고민할 정도도 아니었다.

하지만 요즘은, 특히 서울경기 지역에는 외지에서 들어와 사는 사람들이 많다. 아무래도 기업이 수도권에 몰려 있고 시장 자체가 수도권이 크기 때문도 있지만, 전통적인 가족관계가 허물어진 영향도 크다고 볼 수 있다. 직장 근처에서 살다 보니 주변 지인이 직장 동료로 제한되는 경우가 많고, 그러다 보니 이런 정보에 제한

적일 수밖에 없다. 그래서 결국 찾게 되는 것이 인터넷밖에 없는 것이다.

하지만 이전 장에서도 이야기했듯이 인터넷 정보는 반만 보고 반은 흘리는 게 현명하다. 최근에 온라인 강의 시장에서 화두가 된 사건이 하나 있었다. 바로 강사 띄우기용 '댓글 알바' 사건인데, 온라인 강의업계 1위 업체 A에서 일하던 'ㅇ'씨는 계약기간 도중 다른 업체 B로 옮기게 된다. 계약 위반이라고 생각한 업체 A는 'ㅇ'씨에게 손해배상소송을 청구했고, 서울중앙지법은 업체 A의 손을 들어줬다. 'ㅇ'씨에게 "126억여 원을 배상하라"고 판결한 것이다.

하지만 'ㅇ'씨는 그냥 옮긴 것이 아니었다. 업체 A가 먼저 댓글 알바를 쓰고 다른 업체를 비방했던 이유를 댔는데, 법원에서는 증거 부족으로 'ㅇ'씨의 주장을 인정하지 않았다. 이에 격분한 'ㅇ'씨는 상금 '10억' 원을 걸어서 증거를 수집했다. 그리고 그 결과 업체 A가 댓글 알바를 통해 타업체를 비방한 증거를 동영상으로 확보했고 그 동영상을 유투브에 공개했다. 각종 언론과 포탈에서는 난리가 났고, 결국 업체 A는 그 모든 사실을 시인해야 했다.

연륜과 경력이 있는 치과의사는 다르다

병·의원은 어떨 거 같나? 저 지경까지는 아니겠지만, 별반 다르지 않게 흘러가고 있는 게 사실이다. 그럼 도대체 어떻게 해야 할까? 이제부터 그 이야기를 하겠다. 혹시 자료까지 준비해가며 다른 누군가를 가르쳐본 적이 있는가? 그게 직장후배가 되었든 아이가 되었든 말이다. 그럼 그때 자료를 준비하는 과정에서 오히려 본인에게 더 공부가 되었다는 생각이 들었을 거다. 즉, 아는 것을 다른 사람에게 가르쳐주기 위해서는 단순히 아는 정도를 넘어서야 한다는 것을 느끼면서 말이다.

치과도 마찬가지다. 졸업하면서부터 모든 걸 다 잘하는 의사는 없다. 한 케이스를 하고 정리하고 또 다른 케이스를 하고 정리하고 그렇게 하나둘 쌓아가면서 성숙하여간다. 같은 증상은 있을 수 있지만, 같은 환자는 절대 없다. 같은 환자라 할지라도 나이에 따라 다르게 접근해야 하는 게 치료다. 그 모든 치료는 기록되어야 하고 검토되어야 한다. 진료한 의사의 수첩 속에, 메모 속에 정리되어야 한다. 그래서 비슷한 상황의 비슷한 증상의 환자가 오면 환자를 이해하고 불안한 환자의 마음을 안심시킬 수 있는 자료로 쓰여야 한다.

'다른 의사의 자료를 베끼면 어떡하지?'라는 걱정은 안 해도 된다. 결과물이 달라지기 때문에 그런 눈에 뻔히 보이는 행동을 하는 의사는 없다. 모든 의사가 미묘하게 치료 방법이 조금씩 다르기 때문이다.

"쉽게 설명하지 못한다면 충분히 이해하지 못한 것이다"는 아인슈타인의 말이 있다. 환자들이 알아듣지 못한다면 환자의 잘못이 아니다. 알아듣기 쉽게 설명하지 못한 의료진의 잘못이다. 그 쉬운 설명을 돕는 건 그 치료에 대한 충분한 이해와 환자와 똑같은 다른 환자의 증례일 것이다. 그 증례들은 환자로 하여금 이해를 넘어서 치료의 결과까지 확인함으로써 치료 후 자신이 어떤 모습이 될지를 상상하게 하고 더 나아가 무엇을 할 수 있을지를 계획하게 한다. 치과의사의 이런 노력은 단지 치료에만 국한된 것이 아니라 환자의 다친 마음까지 어루만질 수 있을 것이다. .

이런 준비와 전달은 결국 환자로 하여금 의사를 신뢰하게 하고, 신뢰라는 강력한 연결고리가 형성되면 치료는 더욱더 잘될 것이다. 당신의 케이스가 그 의사에게 처음이 아니길 바란다.

직원들의 표정은
원장의 진료 철학의 표상이다

　요즘은 참으로 친절한 시대이다. 너도나도 친절을 외치고 있다. 식당이나 호텔 같은 서비스업종은 물론이거니와 병·의원 역시 직원들의 친절로 무장하고 있다. 친절하게 모시겠다는 구호와 함께 수많은 친절 캠페인을 벌이고 있고 친절교육 세미나는 성황리에 수강되고 있다. 온라인 상에서든 오프라인 상에서든 본인들은 친절하다고 외치고 있다. 그런데 과연 정말 친절할까? 친절하다는 건 도대체 무엇일까? 고객이 오면 벌떡 일어서서 응대하고 무릎을 꿇은 채 주문을 받는 게 친절한 걸까?

　상대편 입장에서 한번 생각해보겠다. 생활하면서 업무적으로 아는 사람이 아닌 지인들에게 친절하게 행동한 적이 있을 거다.

그렇게 친절한 행동을 했을 때 본인의 기분이 어떠했는지 기억이 나는가? 아마도 추측건대 기분이 좋은 상태에서 그렇게 행동했을 거라 생각된다. 상대방 입장에서 느끼는 기분 좋은 친절은 본인 역시 기분 좋은 상태에서의 배려이기 때문이다. 마음은 마음으로 전달된다는 말을 믿는가? 사람을 상대하는 직업을 가진 사람들은 알 거다. 자신이 불안한 마음이나 초조한 마음을 가지면 얼굴로 아무리 미소를 지어도 그 마음을 곧 들키게 된다는 것을.

'곳간에서 인심 난다'는 말이 있다. 내가 먼저 행복해야 다른 사람도 행복하게 해줄 수 있다는 뜻이다. 직원이 먼저 행복해야 고객에게 친절할 수 있다는 것이다. 서울에 유명한 욕쟁이 할머니 식당이 있다. 손님들에게 친절하지 않고 함부로 해서 지어진 이름인데, 그 집 단골들은 항상 그 식당만 간다. 매번 그 식당을 찾는 이유는 할머니가 표현이 거칠어서 그렇지 할머니 방식의 배려를 받고 있다고 느끼기 때문일 것이다. 거짓으로 웃는다고 친절한 게 아니란 말이다. 당사자가 정말로 즐겁고 행복해야 비로소 배려와 친절이 나올 수 있다.

직원들의 표정이 밝은 치과가 좋은 치과다

사우스웨스트 항공사를 혹시 아는가? 우리나라에는 잘 알려지지 않았지만, 여객 운송 기준으로 세계 3위의 기업이다. 경제전문

226

지 포천은 GE, 월마트, 마이크로소프트, 시티그룹, 인텔 등 각 분야의 최고 기업들을 존경받는 기업 10위 안에 올려놓고 있는데, 동업종 최고가 아닌 기업 하나가 10위권 안에 끼어 있어 눈에 띈다. 그것도 1위인 GE에 이어 2위에 랭크되어 관심을 끌었는데, 항공사 중에서는 단연 1등이다. 이 두 번째로 존경받는 기업이 바로 사우스웨스트 항공이다. 처음 들어본 듯한 기업이 이 정도로 유명한 이유는 그 기업의 핵심가치가 옳았기 때문이다.

사우스웨스트 항공사의 핵심가치는 저비용 전략과 직원들의 긍정적 조직문화였다. 언뜻 보면 "에이, 그냥 덤핑 쳐서 성공한 거네?"라고 생각할 수 있지만, 미국 항공시장이 그렇게 호락호락하지 않다. 사우스웨스트 항공이 처음 대대적인 시스템 개선으로 저비용 전략을 펼치자 다른 경쟁업체들 역시 똑같은 정책을 펼쳤다. 하지만 성과가 나지 않거나 단기적인 성과만 잠깐 내다가 이내 위기에 빠지는 경우가 많았다. 그럼 대체 사우스웨스트 항공사의 성공 전략은 무엇이었을까?

처음 말했듯이 긍정적 조직문화라는 핵심가치 때문이다. 단지 돈을 버는 직장이 아니라 가족 같은 직장을 만들기 위해 회사는 노력했고, 그렇게 형성된 즐거운 직장문화는 단기간에 다른 경쟁업체가 절대 따라 할 수 없는 그 기업만의 가치가 되었다. 그리고 이렇게 형성된 조직문화는 시간이 흐를수록 더욱 강화되는데, 유사한 성향의 직원들이 끊임없이 충원되기 때문이다.

의료업도 마찬가지이다. 특히 치과는 서비스업적인 성격이 강해서 더 그러할 수 있다. 이렇게 이야기하는 게 의료라는 본래의 취지와 맞지 않고 너무 상업적으로 생각한다고 호도할 수도 있겠지만, 어찌 보면 의료 역시 인간과 인간의 관계이기 때문에 오히려 서비스업이 의료의 본질에 더 가까울 수 있다. 의사가 치료하는 건 기계가 아닌 인간이고 그 인간을 치료하는 의사 역시 인간이기 때문이다.

내가 이렇게 생각하게 된 계기가 있었다. 한번은 인문학 강의를 들으러 간 적이 있다. 강사는 강의를 듣고 있는 수강생들끼리 짝을 지어 주고 1분간 서로 자기소개를 하도록 시켰다.

"안녕하세요, 저는 치과의사 강혁권입니다. 개원한 지는 한참 되었고요, 이런저런 진료를 하고 있습니다. 제가 오늘 여기 온 계기는…."

갑작스러운 자기소개라 좀 떠듬떠듬 이야기했지만, 다행히 무사히 마쳤다. 그러고 나니 강사님이 방금 한 자기소개에서 자기가 마음에 드는 단 한 글자만 골라보라고 했다. 고민하던 나는 '치과의사' 이 한 단어를 골랐다.

강사님이 다시 물었다.

"여러분은 각자 한 단어를 골랐습니다. 그럼 만약 여러분이 죽어서 무덤에 묻히게 되었을 때 여러분 무덤의 비석에 단 한 단어만 쓴다고 하면 그 단어를 쓰시겠습니까?"

머릿속이 띵해졌다. 물론 '치과의사'는 나를 표현하는 단어는 맞지만, 그 정도는 아니었나 보다.

"여러분 스스로 가슴이 뛰지 않는 일을 하면서 어떻게 그 일로 다른 사람의 마음을 움직일 수 있을까요?"

이 일을 계기로 참 많은 생각을 하게 되었다. 그리고 업무와 즐거움을 분리해놓았던 나는 그 둘을 합쳐보기로 결심했다. 그리고 비단 나뿐만 아니라 같이 일하는 직원들도 업무에서 즐거움을 느낄 수 있게끔 해보자고 마음먹고 보니 자연스럽게 직원들이 즐거워야 친절해질 수 있겠구나 하는 결론에 이르게 되었다.

이런 사례는 비단 외국에서만 찾을 수 있는 게 아니다. 이디야 커피가 그렇다. 해외 브랜드가 넘쳐나는 커피 마켓에서 국내 토종 브랜드 이디야는 2016년 8월 기준으로 2000호 매장인 '용인신갈점'을 오픈해 국내 커피전문점 업계 최다 매장 보유 기록을 경신했다. 대표이사 문창기 회장은 이디야의 성공 요인은 '내부 고객(임직원)과 외부 고객(가맹점주 및 일반 소비자)의 만족을 끝없이 추구한 덕분'이라고 한다. 우선 임직원들이 자고 일어나면 '회사 가고 싶다'는 생각이 들 정도로 잘해주려고 한다는 것이다.

예전의 병·의원들은 철저히 병·의원 중심이었다. 그러다가 환자 중심으로 변해갔고, 이제 직원 중심으로 변해가고 있다. 이것은 환자보다 직원이 더 중요하다는 뜻이 아니라 환자 중심이 되기 위해선 먼저 병·의원보다 직원이 중심이 되어야 한다는 것을 뜻한다.

직원들도 오기 싫어하는 병·의원에 과연 환자들이 올까? 불만 스러운 곳에서 일하는 직원들이 환자들에게 얼마나 관심을 가질까? 그러다 보면 실수도 잦아져 사고로 이어질 수 있고 결국 그 피해는 고스란히 환자들에게 돌아간다.

대기실 텔레비전의 청결도가
그 치과 기구의 청결도다

2015년 서울 양천구에 있는 A의원에서 C형 간염에 걸린 환자가 82명이나 발생했다. C형 간염은 백신도 없고 치료도 힘들고 부작용도 컸다. 자칫하면 간암으로 발전할 수도 있는 C형 간염이기에 더욱 큰 충격이었다. 같은 해 강원도 원주시 B의원에서도 집단으로 C형 간염에 걸렸는데, 그 수가 자그마치 112명이었다고 한다. 사태가 마저 수습되기도 전에 2016년 또다시 서울의 C의원에서 C형 간염 집단감염 사태가 발생했다.

이 모든 이유가 일회용 주사기 재사용으로 말미암은 인재인데, 지금까지 밝혀진 환자보다 실제 간염에 이환된 환자는 더욱 많을 것으로 예측된다. C형 간염은 급성으로 감염 시 70%가 증상이 없어서 조기에 발견하기가 힘들고 질병 자체의 인지도가 낮아서 발견하기 어렵다는 특성이 있다.

보건복지부는 년초 62곳에서 현장조사를 벌였는데, 그중 26곳에서 일회용 주사기 재사용 등 위법 행위를 적발했다. 병원 세 곳 중 한 곳이 일회용 주사기를 재사용했다고 하니 충격이 아닐 수 없다. 특히 A의원의 경우 일회용 주사기를 재사용하는 것 외에도 병원의 위생상태가 엉망 그 자체였다고 한다. 여러 명의 환자에게 주사기를 돌려썼고, 주사기 안에 든 약제가 남으면 그 다음 날에도 썼다는 것이다.

병·의원의 경우 상기의 사례 같은 감염의 위험성 때문에 소독과 위생에 철저해야 하는데, 그러다 보니 혈관이나 피부에 직접 닿는 기구는 소독이 가능한 제품을 쓰거나 소독이 안 되는 경우에는 일회용으로 많이 쓴다.

치과에서도 정말 많은 일회용 용품을 쓰는데, 대표적인 것이 글러브이다. 일회용 주사기도 그렇고, 그 외 마취액 앰플, 러버댐, 거즈 등등도 한 번 쓰고 버린다.

그렇지만 현실적으로 일회용 용품을 재사용한다고 해서 환자가 알 방법이 없다. 관련 법안 자체도 현실과 동떨어져 있는 부분이 있어서 실제 적용 부위에 따라 일회용으로 써야 하는 제품과 그렇지 않은 제품이 있는데, 너무나 광범위하게 적용을 해놓은 채 의료인들의 반발을 의식해 관련 처벌은 면허정지 1개월에 그치는 수준이다. 의료 기구는 계속 발전되어가고 있는데 저평가된 의료 청구액 역시 현실과 맞지 않는다.

하지만 무엇보다도 관련 부서의 인원 부족으로 철저히 의료인의 양심에 맡겨야 하는 이유가 가장 크다. 이는 자칫 성실히 법규를 지키고 있는 이 땅의 선량한 의사들에게 오히려 피해를 줄 수 있다. 실제로 A의원의 경우 관련 질환에 대해서는 '명의'라고 알려져 있었고 그만큼 환자도 많았다고 한다. 이는 의료윤리를 철저히 따르는 의사들에게 허탈감과 상실감마저 안겨주는 부분이다.

이를 의식한 보건복지부는 최근 관련 법안 위법과 관련한 처벌을 면허정지 1개월에서 12개월로 늘리는 법안을 추진 중이다. 그러나 단순히 처벌만 늘린다고 해결되는 문제는 아닌 것 같다. 주먹구구식 행정과 집행이 아닌 보다 현실적인 정책과 법규가 필요하다고 느끼는 시점이다.

그럼 관계 부처의 도움을 받을 수도 없고 오직 내원하는 병원의 양심에만 맡겨야 한다면 환자 입장에서는 다소 불안하지 않을까? 물론 이 사건이 터지기 전까지만 하더라도 "에이, 알아서 하겠지. 설마 무슨 일이야 있겠어?"라는 생각이 들었을 테지만, C형 간염 환자가 집단으로 수백 명 발생한 상황에서는 병·의원에 대한 생각 역시 달라져야 한다고 생각한다.

위생개념이 있는 치과를 알아보는 법

사실상 소독과 위생에 있어서 100% 완벽한 병원은 없다. 이미 메르스 사태가 벌어졌을 때 잘 알게 되었을 거다. 문제가 되었던 그 대형병원 역시 소독과 위생에 철저한 곳이었다. 방문자 환풍 시스템부터 시작해서 방문자 관리 및 소독 시스템은 가히 우리나라 일류이다. 그러한 병원 역시 뚫는 게 세균이다. 완벽한 시스템은 없지만, 그보다 더 중요한 것은 위생과 소독에 대한 노력일 것이다.

그리고 우리는 그 노력에 대해 알 수 있는 방법이 있다. 바로 한눈에 볼 수 있는 병원의 위생상태가 그것이다. 지저분한 집에 살고 있는 사람이 샤워를 자주할 리 없다. 마찬가지로 대기실과 진료실 상태가 엉망인 병원이 과연 진료 기구의 위생은 얼마나 신경 쓸까? 청소와 소독은 습관이다. 직원들과 원장들의 단정한 용모는 소독과 위생의 첫 단추이다.

소독과 위생은 단지 일회용 용품을 잘 쓰고 진료 기구를 소독하는 행위만을 뜻하는 게 아니다. 최소한 병·의원 내에서만큼은 내원한 환자들이 깨끗하게 이동할 수 있게끔 하고, 파우더룸에서 가볍게 세안하거나 양치질할 때에도 위생적으로 할 수 있게끔 병·의원을 전체적으로 깨끗한 환경으로 조성하는 것이 소독과 위생의 목적이고 진정한 의미이다.

정돈되고 깨끗한 대기실은 소독되고 위생적인 진료실을 상상하게 한다. 거기에 더해지는 단정한 의료진은 그 병원의 소독 시스템을 믿고 안심하게 한다. 그러한 노력은 당신을 감염으로부터의 노출을 최소한으로 줄여주고 사고의 위험성을 최대한 줄여준다.

수많은 병·의원들은 결정적인 장점 하나쯤은 가지고 있다. 수술을 잘하는 병원, 치아를 살리는 병원, 무슨 방송에 소개된 명의 등등이다. 하지만 눈에 보이지 않는 소독과 위생 개념은 모든 병·의원의 가장 기본 중의 기본이어야 한다. 그리고 그 기본을 환자가 알아볼 수 있는 유일한 방법은 병·의원의 단정함이다.

병·의원의 단정함은 직원들의 단정함과 환경의 단정함으로 말할 수 있다. 비록 그 단정함이 진료 기구의 완벽한 소독을 보증해주지는 않지만, 가장 깊은 관련이 있음에는 누구도 이의를 제기하지 않을 것이다. 병원에게는 당신이 그날의 열 번째 환자가 될 수도 있지만, 당신에게 병원은 처음 받는 진료이다. 당신의 첫 진료에 소독기에서 처음 나온 깨끗한 기구가 당신의 입안으로, 당신의 혈관 안으로 들어가기를 바란다.

개인 서비스를 받을 수 있는
병원을 고르자

　누누이 이야기했듯이 병·의원의 본질은 질병을 치료하는 것뿐만 아니라 환자의 불편함에 공감해주고 동조해줌으로써 몸의 상처는 물론 마음의 상처까지 치유해주는 것이다. 그러한 공감은 거창한 이벤트나 선물로 될 수 있는 게 아니다. '나'라는 환자가 진료기록부 숫자로 남는 게 아니라 의료진의 마음 한구석에 기억되기를 바라는 마음이다. 이름이라도, 하다못해 내가 몇 번 온 환자인지만 알아줘도 느낌이 다르다.

　대부분 시스템화가 잘된 병·의원에는 일명 고객응대 매뉴얼이라는 게 있다. 고객이 어떠한 이야기를 했을 때 어떻게 대답하고 행동해야 하는지 대처법을 적어놓기도 하고, 또 진료적으로는 이런저런 질병을 묶어서 그룹화한 다음에 각 그룹에 해당하는 구체적인 진료 방침을 정해서 병·의원의 통일성을 갖추는 데 목표를 두고 있다.

이러한 매뉴얼 작업을 통해 그곳에서 일하는 직원들이 해당 병·의원이 추구하는 가치나 이념에 통일되게 부합하게 하는 장점이 있다. 하지만 그러한 통일성이 오히려 인간의 존엄성을 해칠 우려도 크다는 게 문제이다.

같은 질병이라 하더라도 개인마다 특성이 다르고 살아가는 환경이 다르기 때문에 다르게 접근해야 한다. 몇 마디라도 더 나누고 그 말을 기록하는 것으로도 충분히 효과적이다. 어찌 보면 별 것 아닌 일이고 귀찮은 일이 될 수도 있겠지만, 그렇게 쌓인 기록은 환자들과 소통하는 데 있어서 중요한 첫걸음이 된다.

나를 기억해주는 병원을 찾아라

한번은 이런 환자가 있었다. 원래 다른 부위 치료를 받았던 분인데 반대쪽에 씌운 금니가 떨어져서 다시 오셨다. 떨어진 치아 안쪽을 보니 까맣게 충치가 퍼져 있는 상황이었다.

"어머니, 치아 안쪽에 충치가 좀 있어요. 지금 이걸 그대로 붙이면 몇 달 내에 다시 떨어질 수 있고 떨어지지 않더라도 안쪽의 충치가 더 커져서 나중에는 치아 상태가 더 안 좋아질 수 있어요."

환자는 망설이며 눈치를 본다.

"아, 그게 그러니까 말이죠."

슬쩍 차트를 훑어보았다. 환자 참고란에 '11월 20일 따님 결혼식'이라고 조그맣게 쓰여 있다. 달력을 보니 다음 주다.

자식을 결혼시켜본 적은 없지만, 결혼하면서 겪게 되는 많은 일을 알기에 그런 과정을 지켜보는 부모의 마음이 어느 정도는 짐작된다. 특히 엄마 입장에서 딸 결혼식은 더더욱 남다르리라.

"아, 다음 주에 따님 결혼식이 있으시구나. 이거 축하드릴 일이네요. 얼마나 신경 쓰이는 게 많으시겠어요. 정신없는데 치아까지 빠져서 더 놀라셨겠네요. 사실 하루 안에 치료를 다 끝내는 방법도 있기는 한데 그거 또 설명 듣고 그러면 어머니 골치 아파질 수도 있으니까 일단 오늘은 좀 단단히 붙여드릴게요. 그리고 따님 결혼식 무사히 치르시고 다시 오세요. 아셨죠?"

"네. 호호호, 그래 주면 고맙죠."

들어올 때는 어두웠던 표정이 한결 밝아진 환자는 진료가 끝나고 나가면서도 연신 고맙다는 말을 반복했다. 그렇지만 그 환자는 그 뒤로 치과에 오지 않으셨다. 내가 너무 단단하게 잘 붙인 모양이다.

대신에 그분은 놀라운 일을 하셨다. 그 뒤로 꾸준히 환자를 소개해주셨다. 지금까지 소개해주신 환자가 적잖이 스무 명 남짓 되어간다. 소개 환자분이 있을 때마다 전화를 드려 안부를 묻지만,

씌운 크라운은 괜찮다며 불편해지면 가겠다는 말씀만 하신다.

거창한 치료를 한 것도 아닌데 이런 좋은 인연을 만들 수 있었던 건 환자를 대하는 작은 관심과 태도 때문이라고 생각한다.

사람들은 다른 사람들을 만나거나 관계를 갖게 될 때 그 사람이 나에 대해 알아주기를 바란다. 홍길동 씨가 병원에 갔는데 "안녕하세요, 고민석 씨."라는 인사를 듣게 된다면 아무리 그 의사가 그 분야 전문가이고 실력자라고 하더라도 이 사람이 과연 나를 잘 치료할 수 있을까 하는 생각이 드는 것이 인지상정일 것이다. 이름을 제대로 불러주는 것, 그리고 환자에 대해 조금 더 관심 갖는 것은 단지 환자의 기분만 좋게 하는 게 아니라 좋은 치료 결과를 얻게 한다. 기분이 좋아진 환자는 해당 병·의원의 규칙도 잘 따르게 되고 협조적인 치료 태도를 보이게 됨으로써 치료 결과 역시 좋아진다.

원장이 한 명이라면 이 역할을 원장이 해야 할 것이고, 원장이 과별로 여러 명 있는 경우라면 해당 환자에게 맞는 전담 직원이 배치되어서 이 역할을 해야 할 것이다. 사소한 스케줄 변경부터 수납 방법이라든지, 진료 도중 발생하는 불편사항 등등. 어찌 보면 시시콜콜하지만 그래도 중요한 일들을 나를 모르는 사람을 상대로 한다면 얼마나 불편하겠는가.

모든 치료가 끝나면
이제부터 진짜 치료가 시작된다

치료를 받는 것보다 치료가 다 끝난 후 관리가 잘되는 게 중요하다는 건 누구나 알고 있다. 하지만 정작 치료가 다 끝난 후에는 관리하는 게 귀찮고 치과에 가도 딱히 별로 하는 게 없는 거 같아서 소홀해지기 마련인데, 아이러니하게도 치료한 치아일수록 더 관리를 잘 받아야 한다.

치과 치료는 손상된 치아를 원래의 치아 상태로 되돌리는 개념이 아니라 씹을 수 없는 치아를 보강해서 씹을 수 있게 만들어주었다고 보는 게 맞다. 그게 설령 임플란트라고 할지라도 말이다. 그래서 치아 한두 개를 치료한 분들보다 여러 개 혹은 전체 치아를 치료한 분들의 경우 더욱더 관리 횟수와 관리 집중도를 높일 필요가 있다. 많은 치료를 해야만 할수록 당장의 치료만 보지 말고 치료 이후의 그림을 어떻게 그릴 것인지 계획이 잡혀 있어야 한다. 하지만 현실은 치료할 부위가 많아질수록 치료비가 올라가기 때문에 오직 치료비에만 초점이 맞춰지는 게 사실이다.

그리고 또 이 두 환자군을 다른 말로 표현하자면, 치아 한두 개 치료한 분들은 그래도 어느 정도 스스로 관리가 잘되는 사람이고 치아가 여러 개 망가진 분들은 상대적으로 관리가 잘 안 되는 사람이기 때문에 더욱 그렇다. 관리라는 것이 알고 모르고의 차이라기보다 본인이 알고 있는 것이 행동으로 습관화되었느냐 안 되었느냐의 차이인 것 같다. 그 작은 행동의 차이가 엄청난 변화를 불러일으키는 것이다. 하지만 본인이 직접 관리하는 건 쉽지 않기 때문에 치과의 적극적인 도움이 필요하다.

김남일 씨도 그랬다. 아주 오래전에 치과 치료를 너무 힘들게 받은 기억이 있어서 매번 치과에 가야지 결심만 하다가 시기를 놓쳐 치아가 다 망가진 채 전체 임플란트를 계획하고 인터넷에서 가격만 검색해보고 한 치과를 찾아갔다.

집에서 멀리 떨어진 치과였는데 하필이면 그 치과가 사무장 치과였다. 사무장 치과란 치과의사가 아닌 사람이 치과의사에게 월급을 주고 고용해서 운영하는 치과인데, 일단 의료법 위반인데다가 고용된 치과의사가 자주 바뀌다 보니 보따리 장사한테 물건을 사는 것과 비슷하다.

물론 환자 입장에서는 세 군데 정도를 비교해보고 결정했는데 결국 가장 싼 곳으로 간 것이다. 원장이 있기는 한데 누구인지도 모르겠고, 그냥 스윽 와서 치료만 하고 아무 말이 없어서 좀 찜찜하기는 했다고 한다. 그러다가 어떻게 되었는지 묻자 혀를 끌끌 차며 이야기를 한다.

"거기는 환자가 바글바글하더라고요. 그래서 정신이 없었어요. 뭐 좀 물어보고 싶어도 뭐 얼굴을 볼 수가 있어야죠. 원장님도 잘 아시겠지만, 임플란트는 심고 바로 끝나는 게 아니잖아요. 몇 달 기다려야 하잖아요. 그래서 몇 달 뒤에 갔는데 무슨 학회 간다고 써 붙여놓고 아무도 없더라고요. 그 뒤로 제가 두 번을 더 갔어요. 근데도 계속 문이 닫혀 있는 거죠. 뭐 도망간 거 아닐까요?"

환자의 이야기를 듣고 있는 내내 얼굴이 화끈거렸다. 환자에게 측은한 마음도 들었지만, 치과의사로서 창피하기도 했다. 같은 치과의사로서 사무장 치과에 명의를 걸고 취직한다는 건 참 개탄스럽기도 하지만 한편으로는 안타까운 마음도 들었다.

임플란트는 여러 종류가 있다 보니 기존에 치료받았던 임플란트가 내가 쓰는 임플란트와 종류가 다르기라도 하면 최악의 경우 기존 임플란트를 제거하고 다시 수술해야 하는 상황이 벌어질 수 있다. 이게 무슨 말인가 하면, 국내에 있는 임플란트 업체가 20여 개 가까이 된다. 한 회사에서 똑같은 임플란트를 생산하는 게 아니고 평균적으로 5가지 이상의 종류를 만든다. 종류에 따라 호환이 되는 게 있고 안 되는 게 있다. 가급적 호환이 되게끔 제작하는 추세이긴 하지만 별다른 국가공인 표준이 없는 실정이다 보니 호환이 안 되는 경우 먼젓번 임플란트를 제거하고 다시 수술받는 경우가 종종 일어나곤 한다.

또 이런 분도 있다. 이강윤 님은 치과 직원이 다니고 있는 헬스클럽에서 소개받고 오신 분이었다. 몇 년 전에 유명한 네트워크 치과에서 임플란트 치료를 받았다. 그리고 나서 치료는 끝까지 마무리는 되었는데 그 뒤로 부르지를 않더라 이거다. 처음엔 그냥 그런가 보다 하고 지냈는데 2년 정도 지나는 시점에 임플란트를 한 부위가 아파서 해당 치과에 방문했더니 염증이 생겨서 뽑고 다시 심어야 한다는 말을 들었단다.

"도대체가 이해가 안 된단 말이죠. 한 지 몇 년이나 됐다고 벌써 망가집니까? 그리고 중간에 몇 번 갔었는데 그때는 아무 말도 없다가 갑자기 뽑으라고 하니 화가 납니다."

안타까웠다. 임플란트를 잘 관리만 했어도 이런 사태는 막았을 텐데 말이다. 결국, 이분은 해당 임플란트를 제거하고 뼈 이식을 동반한 임플란트 치료를 받고 마무리하셨다. 그리고 양치질 집중관리 대상이 되어서 잘 유지되도록 몇 년째 병원 차원에서 관리하고 있다.

사후관리까지 해주는 치과를 만나라

일반적으로 사람들이 치과를 선정함에 있어서 가장 많이 보는 게 가격이라든가, 무슨 제품을 쓴다든가 하는 것들이다. 하지만 양치질 편에서 설명했듯이 치료를 많이 받은 환자일수록 절대적으로 관리를 잘 받아야 한다. 아무리 치료가 잘 되었다 할지라도 관리가 안 되면 새로운 문제가 생길 확률이 높다. 이런 점을 신경 쓰는 분들은 보증기간이라든가, a/s 기간을 묻는다. 그러나 그런 워런티 개념은 물건을 샀을 때 중요한 부분이지 치료에 대해서 보증한다는 건 마치 명확한 탈이 나야만 해결해주겠다는 개념이다. 어떻게 신체 부위의 수명을 보증할 수 있을까? 보증해야 하는 게 아니라 문제가 생기지 않도록 관리해주어야 하는 게 맞지 않을까?

요즘은 평생구강관리센터를 운영하는 치과들이 많이 생겨나고 있다. 전담 직원이 배정되어서 양치질이 잘되고 있는지 체크하고 안 되면 왜 안 되고 있는지를 파악한 뒤 눈앞에서 바로 교육해준다. 그리고 몇 가지 불가항력적인 문제를 제외한 예측 가능한 치과 질환들에 대해서 미리 검사를 시행하여 필요한 경우 예방적인 치료를 시행해서 기존에 치료받은 치아뿐만 아니라 건강한 치아까지 탈 나지 않게 관리해주는 시스템이다.

유상으로 하는 경우도 있고 무상으로 하는 경우도 있지만, 가급적 유상으로 해주는 치과를 추천한다. 잘 알겠지만, 치료보다 더 중요한 부분인 검진을 무상으로 한다고 했을 때 얼마나 꼼꼼하게 잘할 수 있을까 하는 생각이 든다. 그렇게 지출되는 돈은 결코 그냥 버리는 돈이 아니다. 본인의 건강을 지켜주는 돈이며, 여타의 치아 보험보다 더 예지성 있고 안전한 건강지킴이가 될 것이다.

치료를 시작하기에 앞서 이 치과는 치료가 다 끝나면 어떻게 관리를 해주는지를 물어보길 바란다. 치료보다 더 중요한 것은 치료가 끝나고 나서부터의 관리이기 때문이다. 그리고 그때부터가 진짜 진료의 시작이기 때문이다.

환자에게 신뢰받는 의사,
의사를 신뢰하는 환자

아무리 돈을 쏟아부어도 진료가 안 되는 경우가 있다. 세계적으로 유명한 석학이 치료해도 불가능한 치료가 있다. 명실공히 우리나라 최고의 의료기관에서도 환자와 의사가 멱살을 잡고 싸우는 일이 비일비재하다. 대기업 총수가 우리나라 최고의 의료진에게 받은 임플란트가 실패하기도 한다.

완벽한 진료란 없다. 다만 좋은 진료가 있다. 그리고 그 좋은 진료라는 것은 단순히 값비싼 재료와 최첨단 기구, 훌륭한 인테리어에서 나오는 게 아니다. 할머니가 배탈이 난 손자의 배를 어루만져줄 때, 어머니가 열이 오르는 자식의 이마에 물수건을 얹어줄 때, 바로 그 순간 그 어떤 의사도 할 수 없는 좋은 진료가 나온다. 이런 현상은 문제를 해결해주는 그 어떠한 과학적 설명도 부질없

게 만듦을 우리는 잘 알고 있다. 좋은 진료란 바로 그런 것이다. 다른 내과적 질환과는 달리 우리 일상생활에 가장 밀접해 있는 치과 치료는 더욱 그렇다.

하다못해 똑같은 물건을 사더라도 그 물건이 좋은 사람이 있고 별로인 사람이 있다. 하물며 진료는 얼마나 다르겠는가. 그냥 막연히 좋은 병원에 있는 좋은 의사가 내 몸에 딱 맞는 진료를 해주리라는 생각에서 벗어났으면 한다.

진료의 첫 단추는 바로 '진단'이라는 행위다. 이것을 좀 더 구체적으로 살펴보면, '진단'이라는 것은 당신이 어떻게 살아왔고 지금 어떤 상태이며 앞으로 어떠한 상태에 이를 것이라는 일련의 과정에서 당신 건강이 어느 위치에 있는지를 판단하는 작업이다. 그리고 이 '진단'이라는 진료는 첨단장비나 기계적 검사만으로는 이루어질 수 없다. 당신의 과거 삶 속에 있었던 건강상태를 알아야 하고 구강습관을 알아야 하고 당신이 양치질에 대해 얼마나 잘 알고 있는지, 평상시 스트레스에 얼마나 노출이 되어 있는지, 당신이 구강에 안 좋은 음식들을 얼마나 자주 먹는지를 알아야 한다.

이러한 항목들을 단순히 차트에 무미건조하게 표기해서 당신이 체크하는 방식이 아닌 (행여나 종이 차트에 표시가 되어 있더라도) 담당의와의 이런저런 대화 속에서 자연스럽게 끄집어내는 게 가장 자연스럽다. 그러한 와중에 특히 당신이 관심 있어 하는 부분, 특히 당신의 건강에 영향을 미치는 습관 등에 대해 손쉽게 파악이

가능하다.

　그렇지만 당신이 담당의사의 이런 질문들에 대해 '왜 의사가 이런 것까지 알아야 하나? 그냥 치료만 하면 되지. 이런 게 무슨 상관이지?'라는 표정을 보이면 담당의는 더 이상 당신에 대해 알아가기를 포기할 것이며 그 때문에 당신은 좋은 진료에서 멀어질 수 있다. 아이러니하게도 말이다.

　세상사 모든 이치가 그렇듯이 의사만 혼자 다가설 수만은 없다. 의사가 행여 놓치는 부분이 있더라도, 혹은 잘 알고 있더라도 당신이 어떤 사람이고 어떠한 걸 원하는지 다시금 분명하게 이야기해야 한다. 이런 노파심은 그게 꼭 진료와 아무 상관 없는 내용일지라도 당신과 의사와의 관계에 있어 적지 않은 도움이 되리라 생각한다. 그 관계는 신뢰를 구축하고, 결국 좋은 진료로 이어지게 되는 순환고리가 될 것이다.

　어쩌면 치료라는 것은 좋은 진료의 결과물일 뿐이지, 오히려 좋은 진료의 본질은 충분한 대화와 소통이 아닌가 싶다. 그러기 위해서 의사는 항상 환자의 말에 귀 기울여야 하고 환자가 표현적 한계 때문에 잘 전달하지 못하더라도 환자와 소통이 가능하도록 언어를 조율해주는 작업을 게을리하지 않아야 한다. 환자의 언어를 해석해주어야 하며, 그 해석물을 치료의 방향에 부합하게 해주어야 한다.

　또한, 환자 역시 다른 사람이 아닌 본인의 몸을 치료하는 행위이기 때문에 보다 높은 관심을 가지고 자신의 의견을 부단히 피력하고 적극적으로 알려야 한다. 그리고 의사와의 일련의 약속들(술, 담배를 몇 주간 하지 않기, 약 처방해주면 열심히 먹기, 하지 말라는 것 절대 하지 않기 등등)을 잘 지켜야 한다. 치료와 함께 제공하는 유인물을 무심코 휴지통에 버리기보다는 다시 한 번 더 읽어보고 이해가 안 되면 의사나 간호사를 붙잡고 물어보는 등의 적극적인 자세가 필요하다. 환자 스스로 본인의 몸을 정말 사랑하는 자세를 갖추어야 좋은 진료가 이루어질 수 있다.

이처럼 좋은 진료를 위해서는 의사도 부단히 노력해야 하지만 환자 역시 부단히 노력해야 함을 강조하고 싶다. 그리고 그 노력은 결코 헛되지 않을 것이다. 그런 노력을 통해 환자는 의사를 신뢰할 수 있고, 의사 역시 환자를 신뢰할 수 있다. 좋은 진료는 덤이겠다.

자, 어떤가? 당신은 좋은 진료를 받을 준비가 되었는가?

부록

**반드시 알아야 할
치과 상식 Q&A**

Q 우리 애가 뻐드렁니가 나요. 어떻게 하죠?

A 아이가 태어나면 모든 게 새롭다. 돌 즈음 해서 아래 앞니가 나온다. 그 후 순차적으로 치아가 나오다가 여섯 살 정도 되면 영구치가 나오기 시작한다. 그런데 젖니일 때는 가지런히 나는 듯했는데 영구치가 나오면서 뻐드렁니가 나온다. 그러면 교정을 해줘야 하는지 고민이 시작된다. 결론적으로 치아가 바르게 나지 않으면 교정을 해주어야 한다. 다만 그 원인과 정도에 따라 교정을 시작하는 타이밍과 교정치료 기간이 달라질 뿐이다.

Q 이를 안 빼고 살릴 순 없나요?

A "이를 빼고 임플란트합시다"라는 말보다 최선을 다해서 살려보겠다고 말하는 걸 환자들은 더 좋아한다. 하지만 그걸 알면서도 빼자고 할 때가 있다. 왜냐고? 힘들게 살려놔도 환자가 조심히 안 쓰면 얼마 안 가 다시 쓰러지기 때문이다. 자연치아를 살릴 방법은 많다. 다만 그 과정이 치과의사뿐만 아니라 환자에게도 쉬운 길은 아니다. 조심해야 할 사항이 늘어나고 정기적인 체크도 받아야 하고 치료 내용도 간단하지 않다. 그 모든 걸 감수할 때 비로소 살린 치아를 지닐 자격을 얻게 되는 것이다.

Q 흔들리는 치아를 씌우면 단단해지지 않나요?

A 치아의 구조는 밖에 보이는 '치아머리'와 잇몸 속이라 보이지 않는 '치아뿌리'로 나뉜다. 치아가 흔들리는 이유는 치아의 뿌리를 잡고 있는 뼈가 줄어들어서 그렇다. 그런 경우 잇몸 치료를 해야지 치아머리 부위를 씌워 봤자 아무 소용이 없다.

Q 왜 스케일링을 하면 이가 시린가요? 더 망가지는 거 같아요.

A 먼저 스케일링을 왜 하는지를 생각해보는 게 좋을 것 같다. 스케일링은 하는 이유는 치아의 뿌리에 붙어 있는 치석을 제거하기 위함이다. 그런데 원래 뿌리는 잇몸이 덮고 있어야 하는데 치석이 생기면서 잇몸을 녹이고 노출된 뿌리 위에 치석이 얹혀 있는 것이다. 그러다 보니 치석을 제거하는 스케일링을 받게 되면 뿌리가 그대로 노출이 되고 치아는 시리다고 느껴지는 것이다. 하지만 그 부위를 치간 칫솔로 일주일만 열심히 관리해주면 시린 증상은 금세 좋아진다.

Q 치료해야 하는 충치? 안 해도 되는 충치?

A 치과의사들끼리 속된 말로 '점도파'라고 부르는 치과의사들이 있다. 보통 충치치료를 할 때 충치만 쏙 제거하는 게 아니라 기본적인 치과 재료의 두께를 형성해주기 위해 충치보

다 넓게 치아를 삭제한다. 그래서 기본적인 두께보다 훨씬 못 미칠 때는 굳이 제거하지 않고 일정 간격으로 체크하면서 사이즈가 더 커지는지만 않는지 체크하는데, 일명 '점도파' 의사들은 모두 다 제거하고 때우려고 한다. 명분은 그렇다. 굳이 위험 요소를 갖고 갈 필요가 있느냐는 것이다. 하지만 그런 작은 충치가 커지는 환자 집단의 경우 어차피 때우는 치료를 하더라도 그 옆으로 또 2차 충치가 생기는 경우가 많아서 충치가 너무 작은 경우에는 때우지 않고 지켜보는 걸 추천한다.

Q 보험이 되는 치료재료는 왜 안 좋은가요?

A 이유는 간단하다. 더 싸서 그렇다. 하와이를 간다고 했을 때 비행기가 배보다 싸다고 하면 누가 배를 타겠는가? 의료도 결국 돈이 되는 쪽으로만 연구개발을 많이 한다. 대표적으로 치아를 살리는 치료는 논문도 많이 올라오지 않고 연구도 많지 않다. 하지만 임플란트처럼 시장성이 좋은 분야는 논문도 많고 연구도 활발히 진행되고 있다. 결국, 거대 자본의 도움으로 학문의 발전이 이루어지는 걸 막을 방법은 없는 것이다. 국가적인 차원에서 지원되면 좋겠지만, 쉽지 않은 현실이다.

Q 치아 한두 개는 없어도 괜찮지 않나요?

A 성인의 치아는 한쪽에 각각 7개씩 위에 14개, 아래 14개 총 28개이다. 구성을 살펴보면 앞니 두 개, 송곳니 하나, 작은 어금니 두 개, 큰 어금니 두 개, 이렇게 7개인데 작은 어금니부터 주로 씹는 기능을 하고 있다.

그럼 치아 한두 개 빠지면 어떻게 될까? 실제로 유럽에서 이에 대한 추적조사를 벌인 적이 있는데, SDA그룹이라고 해서 큰어금니 8개 없이 총 20개 치아로도 일상생활이 가능한 그룹이 발견되어서 치과계에서 화재가 된 적이 있다. 하지만 자극적이고 질긴 음식을 즐기는 한국 사람과는 다소 거리가 있어 보이다. 본인이 채식주의자에 가깝다면 한번 도전해볼 만한다.

Q 뼈 이식 꼭 해야 하나요?

A 임플란트 상담을 받는데 의사가 뼈 이식 얘기를 하는 경우가 종종 있다. 해야 한다고 해서 하기는 하는데 찜찜한 기분은 누구의 몫인 걸까? 결론적으로 이야기해서 꼭 해야 할 상황이면 하는 게 안전하다. 마치 화분이 있는데 적당한 크기의 나무를 심기에는 너무 작을 경우 화분을 더 큰 걸로 교체하거나 늘려야 하는 것과 비슷하다. 작은 화분에 큰 나무를 심을 경우 결국 나무는 잘 자랄 수 없다.

전문가 사용법 시리즈 001

변호사 사용법

김향훈 지음 | 13,800원

변호사를 만나는 일이 두려운 당신을 위해
12년차 현직 변호사가 욕먹을 각오하고 쓴 변호사 사용 설명서

'변호사는 당신의 이웃이다'라는 말에 동의하는 이가 몇이나 될까? 일반 사람들에게는 와
닿지 않지만, 변호사들에게는 매우 절박한 말이다. 2015년 현재 대한민국 변호사 수는
2만 명. 개업한 공인중개사 수가 8만 5천 명이라고 하니, 실로 어마어마한 숫자이다. 그
런데 변호사는 아직 일반인들에게 멀고 어려운 존재이다.

이 책은 의뢰인들이 가지고 있는 변호사에 대한 편견을 깨고, 파트너로서 동등한 입장에
서 일을 맡길 수 있도록 돕는다. 독자들은 이 책을 통해 변호사들의 행태와 심리를 알고,
법률이 어떻게 오작동하는지 알 수 있을 것이다. 또 그동안 몰랐던 법률 분쟁 해결 노하우
까지 터득하여 제대로 된 변호사를 선택하는 기준을 마련할 수 있다.

전문가 사용법 시리즈는 전문가 앞에만 서면 주눅드는 모든 일반인을 위한 전문가 활용 가이드입니다. 각 분야의 전문가들이 사용자 입장에서 전문가를 잘 고용하고 활용하는 법을 알려드립니다.

전문가 제대로
활용하여
기장료 200%
효과 얻는 법

전문가 사용법 시리즈 002

세무사 사용 설명서 김인화 지음 | 13,800원

인생에서 피할 수 없는 두 가지, 죽음과 세금!
세무사 잘 활용하여 세금으로부터 자유로워지는 법

세법은 범위가 넓고 분량이 방대하며 어려워서 일반인들이 책만 보고 습득하기 어렵다. 설사 세법지식을 습득했다 하더라도 세무 실무 경험도 없는 본인이 이걸 현실에 적용한다는 건 상당히 위험하다. 결국 시간과 노력을 들이고 결국은 세무사를 찾아가야 하는 경우가 흔하다.

전문직들이 내놓은 결과의 잘잘못을 판단할 능력이 없다면, 소비자 입장에서 할 수 있는 것은 단 한 가지밖에 없다. 애초에 믿을 만한 능력 있는 전문가를 만나는 것이다.

이 책은 독자들에게 그런 세무사를 만날 수 있는 방법을 알려준다.

좋은 세무사 찾는 법, 세무사 만나는 타이밍을 아는 법, 그래서 좋은 사업 효과를 내는 법 이 책을 통해 알아보자